1

Ettore Coscarella

Essere Massone

tra riservatezza e profanità

SANTELLI
EDITORE

Essere Massone
di Ettore Coscarella
prima edizione: marzo 2012
seconda edizione: ottobre 2019
© *2019,* Santelli editore

Santelli editore
Viale Giacomo Mancini 236,
87100 Cosenza
0984.406939
info@santellieditore.it
www.santellieditore.it

Prerogativa di un'Istituzione: il segreto massonico e il dialogo profano.

Tenendo vigile lo sguardo tra simbologia e realtà profana e ovviamente rifiutando, per la libertà di pensiero, comportamenti profani che limitano la libertà d'azione o vincoli ideologici, da sempre la Massoneria ha cercato di stabilire un dialogo con il mondo esterno. Ciò nonostante, ogni volta che ha preteso e tentato d'interpretare atteggiamenti della società profana considerata attiva, cooperando a ristabilire l'ordine nel caos scaturito dall'ignoto che ha determina a volte con equivoci, spesso deviatori, nei riguardi dell'enigma escatologico, creando inquietudini e angosce della separazione e della morte. Meditandoci bene sono inquietudini che provengono dall'ignoranza e dalla presunzione, non solo laddove sussistano validi esempi per sollecitare un utile interesse nei temi comuni che affliggono l'uomo, ma anche dalla necessaria conoscenza del tanto aspirato momento di serenità.

Certamente, molti lettori vorranno soddisfare la loro curiosità a conoscere cosa sia la Massoneria. È estremamente difficile, per il lettore curioso, sconfortante, o per meglio dire, impossibile scoprire il mistero e trasferirlo agli altri, perché è esistente esclusivamente nel più profondo micro-cosmo immateriale del massone. Per consolazione non è manifestabile neanche nei confronti di un altro fratello, non è trasferibile a nessuno, perché non è percepibile, è etereo, è parte del più profondo spirito umano e non può essere trasmesso, né trasferito fuori dal proprio spirito.

Quello che si può conoscere della Massoneria è la dedizione verso l'uomo, di sollecitarlo continuamente a leggere dentro se stesso, di non avere posizioni precostituite verso chiunque, sia esso fratello o profano, che abbia opinioni diverse, religiose o politiche, con la speranza di penetrare nelle loro coscienze con una continua ricerca individuale della Verità per conquistare la libertà.

Proprio per questo sarà certamente cosa utile e corretta aprire un dialogo con il mondo profano e farsi conoscere per comunicare validità alle informazioni e al confronto con un dibattito aperto, franco e senza ostilità da nessuna parte; pur tuttavia si dovrà necessariamente difendere la discrezionalità e la riservatezza del Massone. Non pare che la peculiarità profana abbia mostrato di voler rispettare questa prerogativa; anzi di solito trova il modo di tramare contro, colpire basso, perché si possa avere motivo di sparlarne, senza cercare di individuare l'esistenza di posizioni corrette e di buona fede in un'idea che propone unicamente fratellanza, tolleranza, sapienza e forse anche bontà d'animo.

Favorendo il dibattito si produrrà beneficio alla cultura massonica oltre che generare novità e chiarezza nell'aspirazione di diffondere idealità, alimentando un interesse e una valida ispirazione a conseguire lo scopo principe di formare uomini che potranno agire, coscienti e onesti, nella società in cui vivono, ma anche con il criterio su come applicarli, come espandere al di fuori del sacro Tempio, gli elementi iniziali dei tre basilari punti della Massoneria: Fratellanza, Uguaglianza, Libertà.

Non si può restare insensibili al richiamo dei succitati principi utili a istituire chiarificatori dibattiti costruttivi, non solo con un'attendibilità soddisfacente, ma anche nell'opportunità di manifestare idee e azioni. Affrontando con successo quelle oscillazioni del pensiero, stravolgendo le interpretazioni dello stesso messaggio simbolico o pretendere, con stratagemmi, le varie emozioni o decisioni che emergono dai lavori compiuti, che a volte si confondono in contraddittorie speculazioni intellettuali, che solo la nota tolleranza massonica non considera revisionismi inutili ma affermazione del pensiero.

Se si ritiene che ogni individuo sia dotato di un bagaglio mentale differente, con una destinazione ben precisa inserita nei vari percorsi massonici o profani, si sgombra il più possibile il terreno da pregiudizi lontani o recenti e adottando una dialettica aperta e culturalmente valida, non si origineranno dispute nocive sia alla Massoneria sia alla collettività profana.

In altre nazioni il comportamento pubblico della Massoneria, particolarmente quella anglosassone o statunitense, svolge un evidente e palese modo di agire senza essere molto riservato, così come accade in Italia, frutto dei continui osteggiamenti sia da parte delle autorità governative pubbliche sia di quelle religiose nei confronti di Palazzo Giustiniani. E' stata anzi demonizzata con una pubblicità negativa tanto da suscitare, nella società profana, manifestazioni guardinghe e sospettose nei riguardi della Massoneria e dei massoni in genere.

In ogni periodo storico si ritrova un atteggiamento d'ostilità nei confronti della Massoneria, particolarmente nei Paesi neolatini e in Italia e nonostante le dichiarazioni di non essere una società segreta né di aspirare a potere politico o religioso, il Grande Oriente d'Italia di Palazzo Giustiniani è stato perseguitato dal fascismo e dal Vaticano. Nel sottofondo d'ogni interesse politico e religioso in un qualsiasi manifesto avvenimento del mondo profano, si vuole in ogni modo confondere e coinvolgere l'irreprensibilità della Massoneria con fatti di malcostume o di meschino interesse locale.

Non si spiega il motivo per il quale si cerca continuamente di distruggere valori cui tanto aspira e annuncia la Massoneria, quali l'amicizia, l'amore tra gli esseri umani e l'ambiente, il rispettare i bisogni delle donne, dei bambini. Sono artefici di ansie che spingono il Massone a un'azione cosciente di ricerca introspettiva affinché possa più avanti scoprire il metodo per rendere comprensibile e spiegare come annullare il distacco dagli accidenti profani, acquisire la serenità di giudizio della propria coscienza ed essere in grado di giudicare i bisogni altrui, dedicarsi a leggere l'animo proprio per capire quello del prossimo, quali possano essere i sani valori liberi e democratici, che esprime la società moderna. Ciò sia convincimento che nessuno sia migliore dell'altro e che la via più giusta, più valida a chiarire ogni ambiguità e annullare possibili sospetti profani nei riguardi della Massoneria, considerata come un'organizzazione dedita a confondere le idee, le azioni sociali, filosofiche ed economiche. Altrettanto grave è addebitare a essa di chiudersi in un non ben individuato segreto perverso, utilizzato per infiltrarsi nel raggio d'azione di altre organizzazioni di natura politica (dei partiti) e religiosa (particolarità del Vaticano).

E' vero che la Massoneria non ha avuto mai l'opportunità, differentemente da altre organizzazioni, di adottare moduli culturali con una diversa applicazione e pubblicizzare i suoi principi di organizzazione, dedita a far conoscere, speculando sempre più in profondità sull'essere umano, a generare la necessaria armonia operativa con le altre forze sociali, con uomini di diversa accettazione delle offerte sociali. Essere promotore di una concordia operativa che possa essere utile nell'acquisizione di diverse forme di cultura, anche con insoliti e diversi modelli di ricerca; ciò nonostante potere considerare basilari per la speculazione della ricerca interiore, utili per smantellare la negativa ragione di esternare unicamente con una riservatezza che possa far supporre un segreto inesistente, senza possibilità di far conoscere la storia. Un modo di fare, in un'oggettiva e più attendibile informazione diversa da quelle degli orecchianti curiosi di chissà quale maldicenza sociale sia da parte della società profana (si considera profana la composizione umana all'esterno dell'organizzazione massonica), sia quella iniziatica, rappresentata dalla Massoneria. Probabilmente si è perso qualcosa nella ricerca interiore, nell'espletamento delle idee di libertà, di tolleranza, significa che rendere comprensibile il proprio pensiero sugli argomenti politici, religiosi, scientifici e filosofici, genera la possibilità di conoscere e leggere con un'ottica diversa le varie sfaccettature degli accidenti o piaceri della vita e ciò per creare una concordanza nella ricerca di progresso dell'Umanità.

Nell'attualità qualche perplessità è superata, ma resta sempre presente l'atavica paura prodotto dell'ignoranza altrui di non poter essere in grado di leggere i problemi educativi dell'una e dell'altra parte sociale e superare la difficoltà ad apprendere o almeno, a comprendere in parte, le reali motivazioni nel discorso educativo.

La Massoneria, con l'uso della ritualità e un linguaggio diverso e pieno di esoterismo, non sempre spiegabile alla massa ma che gli è utile ad acquisire la capacità logica e concettuale a fronteggiare con competenza e saggezza, l'eterno dualismo del bene e del male. Riuscire a connotare questo eterno dubbio, con una più accettabile sfumatura nelle estrinsecazioni di grigio nel percorso esistenziale della società umana, può dare origine ad un'utile azione a bandire dal Tempio massonico ipocrisia e fanatismo a favore di una più razionale consapevolezza dai reiteranti e solenni obblighi assunti con l'iniziazione. Riuscire a leggere il ben evidenziato bianco e nero della scacchiera, disegnata sul pavimento del Tempio massonico, è il capire la rappresentazione di uno stato d'essere, non può essere influenzato da chi pretende di insegnare l'irrazionale e pseudo potere personale nei confronti dei fratelli massonici.

Nelle ambizioni personali a ogni piè sospinto con caparbietà, si cerca di unire disordinatamente alcuni personaggi locali, che pretendono di dominare in virtù di non si sa quale diritto divino e tutti, purtroppo anche da parte di qualche distratto fratello. Dimenticano che il vero scopo della Massoneria, istituita come parte fondamentale di una Società che con l'iniziazione effettuata nelle cerimonie simboliche, emana questa funzione nella praticità esoterica, sventolando, come una bandiera, il trinomio di Libertà, Uguaglianza e Fratellanza. E' pur vero che non esistono formule magiche, ma almeno è viva un'Istituzione, che, con principi morali e con onestà intellettuale, punta al miglioramento dell'uomo, auspicando che sia in grado di evitare l'aggravarsi del progetto involutivo della società profana, il quale, inevitabilmente, approfitta assiduamente nel porre il dubbio finanche nello spirito di libertà e democrazia. Magari nascondendo la gravità di vedere l'orrore sociale, ambientale ed economico, convincendosi di poter far nulla per correggere e partecipare alla loro risoluzione o almeno per impegnarsi affinché non siano distrutti valori tramandati dalla secolare tecnica di vita.

L'alta missione che si prefigge la Massoneria è di preparare le generazioni umane al compito della propaganda di una serena scienza e alla rigenerazione dell'Umanità, con sani principi di Libertà, di cultura e conoscenza dei popoli che abitano il globo terrestre. In ogni modo s'impegna a rispettare e promulgare la volontà stabilita nel lontano XVIII secolo da uno sparuto gruppo, di maggioranza inglese, promotore dell'istituzione della Muratoria nella famosa locanda Quater Coronati. Maestri, nella loro determinazione, d'istituire un'organizzazione che principalmente predisponesse la facoltà a liberarsi dalla sudditanza cattolica, all'epoca esistente anche con potere temporale, favorendo la libertà di pensare e agire ogni società, ogni individuo pensante.

La comunicazione, spesso riduttiva e travisatrice della verità conoscitiva, usata con un linguaggio che di solito si fa passare come rappresentazione mentale decodificata, non si addentrano nell'effettivo conoscimento a operare per la trasformazione dell'uomo nella sua espressione di potenziali capacità di un'attività che operi verso se stesso e automaticamente verso gli altri. La differenza sostanziale dell'uomo nei confronti degli altri mammiferi è, secondo la teoria della Levi Montalcini: ... individuo imperfetto con il suo lento ma metodico processo intellettivo a usare modelli educativi razionali comportamentali già dalla tenera età, in una stretta connessione nella formazione culturale e sociale, che permette di interagire con un linguaggio d'inserimento del soggetto umano nella realtà sociale.

Le reali motivazioni che hanno costretto la Massoneria, nel suo discorso educativo, forzatamente ad agire usando un impianto approssimante a quello corporativo, stanno nella difesa di una più che secolare memoria per operare con sicurezza e garantirsi nei vari avvicendamenti storici, contro l'avversione oppressiva abitualmente adottata dal potere costituito. Si crea un vincolo sentimentale di amicizia, talmente stretto da essere considerato un legame di fratellanza, un raggruppamento di uomini con rapporti simili al legame di sangue. Il fenomeno è da considerare un'antica libertà in un'antica corporazione che esprime valori che continuamente rammentano la libertà, la sicurezza, la tempra all'oppressione politica di limitazione del pensiero: Per questo meritano stima nella livella sociale e intellettuale. Proprio questi sono i motivi perché nel Tempio non si parli di religione o di politica, per evitare di offendere l'idea o il credo del fratello nello svolgere il suo lavoro esoterico, di ricerca interiore, prevalendo un linguaggio corretto con lo scopo di non creare a equivoci o incomprensioni. Pretesa di un comportamento onesto e leale è il rispetto della morale, perché così si raggiunge il comune benessere nel dominare la passione, si allontana dall'acquisizione della saggezza e dall'impulso deviatore che deturpa ciò che è bello, del sapere e della serenità. In virtù di questa morale ne consegue che acquisire la qualità di Massone con il compito di rispettare i doveri della Massoneria odierna, non solo consente di professare quei principii di libertà e di particolare tolleranza nei confronti delle diversità politiche e religiose, ma anche di riuscire nell'intento di sostenere legittime le ragioni di convenienza sociale, pur se preferibilmente la scelta della ricerca, simbolicamente organizzata, è riferita al proprio microcosmo!

Recuperando in se la verità e il benessere interiore, si pratica per contrastare, se ci fosse bisogno, l'approfondimento del proprio sub inconscio, in un'esplorazione sempre più profonda e tale da potersi liberare dalle negatività esteriori. L'elemento accessorio (oppure principale?) di chi cerca di discriminare gli strati sociali disagiati, com'è accaduto nel passato con la compartecipazione alla lotta al papato, alla monarchia o a un qualsiasi altro governo, pur di liberare popoli d'ogni ceto sociale, dalla tirannia. Il successo del metodo o dell'Idea Massonica sta proprio in questi principi: la cultura di ricercare la libertà, la verità. Su questi primari modelli di ricerca s'incentrano le riflessioni e si partecipa al processo interiore per rendere possibile il sapere umano delle alte conoscenze all'apprendimento, per creare una comunità piena di vera esistenza e con progetti per un percorso saggio e sereno. Il lavoro, l'impegno per realizzare parte di questi alti valori nel mondo profano, a volte è confusamente visto come un'intrusione culturale, come proponimento a scalare fasce sociali per proprio vantaggio politico e di potere. Tutto ciò non corrisponde a vero, poiché l'intenzione massonica è quella di perfezionare l'uomo affinché possa dare un contributo sano, schietto e libero da deviazioni di giudizio e d'etica. Non suggerisce soluzioni per risolvere problemi della vita pubblica o a difesa dell'idea democratica e di libertà, come non prende parte direttamente alla gestione del potere di qualsiasi natura, anche se può essere presente qualche suo adepto del vertice organizzativo e amministrativo di un governo e, se ciò avviene, in ogni caso non è l'Istituzione nella sua interezza che partecipa in questa scelta. Non può essere vista né come un'intrigante concorrente religiosa né come movimento politico, ma esclusivamente come il grado di essere un riferimento di libertà ideologica e religiosa, d'autonomia e difesa di un antidogmatismo di qualsiasi natura.

Da sempre chiara è la propria condotta etica, e non si possono oscurare i suoi sani principi se qualcuno degli associati ha tentato, con strampalate pretese, di appropriarsi del potere politico o governativo di una nazione. La discrezionalità che adotta la Massoneria, quasi a rendersi invisibile nella società, è comprensibile, perché quando ha osato agire all'esterno sia mediaticamente sia con altre forme nella profanità, è stata sempre perseguitata a volte, anche per l'insistenza di fratelli presi da una sfrenata voglia di uscire dal Tempio per farsi conoscere, non percependo la pericolosità a essere osteggiati, contrastati, per paure causate dalle ambizioni e aspirazioni profane.

Fra le altre cose non si vuole avvistare l'evidente e palese, oltre che mistificatoria, contraddizione proveniente da più parti della società profana, (siano essi, movimenti politici, associativi di vario tipo o religiosi), che non fanno altro che richiedere, in modo sempre più pressante, che la Massoneria debba essere il più visibile possibile. E' chiara la mistificazione, perché il desiderio non è solo ed esclusivamente quello di conoscere il pensiero massonico, che ormai è ben conosciuto, sia per la vasta letteratura esistente da qualche tempo nelle librerie o biblioteche sia per varie partecipazioni in convegni pubblici. La curiosità è unicamente quella di conoscere i membri che ne fanno parte, se questi hanno avuto qualche beneficio, se possono fare carriera politica, ecc... in tal modo, si possono fare leggine truffatrici per colpire in ogni maniera il Massone, ritenuto erroneamente un nemico da colpire e annullare oppure impostare una campagna elettorale per generare un possibile dubbio su una persona che possa ritenersi elettoralmente forte e pericolosa per altri interessi del concorrente. Purtroppo la caccia è sempre aperta per scoprire l'affiliato, per mettere in dubbio i suoi insegnamenti e la riservatezza.

A volte, malauguratamente, sono proprio degeneri massoni che cercano di colpire i loro fratelli, sovente con attacchi ingiustificati e non poco ortodossi, altre volte, per confondere i loro attacchi, costringono le autorità e i mezzi d'informazione a scatenarsi con esplosive reazioni repressive contro la Massoneria stessa.

Apparentemente tutto nasce dalla scusa di far apparire una qualsiasi Amministrazione pubblica trasparente e libera da qualsiasi possibile oscura manovra, cercando in questo modo di colpire l'invisibile Massone, a loro modo di vedere, colpevole di chissà quali manovre devianti.

Sappiamo, invece che il Massone, la Massoneria è ben visibile, che non esiste nessun segreto se non quell'impossibile a rivelare che è il segreto massonico.

A proposito del segreto massonico, può darsi che l'equivoco scaturisca dall'uso della particolare terminologia simbolica oppure dalla discrezione e riservatezza sui lavori che si svolgono nel Tempio. Non è un segreto volto a nascondere l'esistenza di fini delinquenziali o da usare come strumento per mutare il tipo di governo esistente o contro la sovranità del popolo, ma è il segreto di chi, cerca in assoluto, di estrapolare il proprio pensiero e poter scandagliare nella profondità del proprio Io. Se si vuole essere cavillosi o polemici, in tutte le organizzazioni dove si svolgono riunioni politiche, siano esse di natura sindacale, consigli d'amministrazione o società di natura finanziaria, oppure la stessa organizzazione dei partiti o dei vari club di natura sportiva e sociale, dove si delibera o si crea un dibattito, le decisione sono tenute sempre nell'assoluto riserbo e forse anche nel massimo segreto. Mentre il segreto massonico non è intimo e personale, tanto da non rivelarlo o non farlo conoscere ad altri, ma è da inquadrare nell'indescrivibile intimo momento, non esternabile, che trasmette e identifica verità interiori e quindi impossibilitato a essere comunicato con la parola. Non si può propagare un segreto esoterico, come non è possibile spiegarlo o tradurlo in pratica, essendo ineffabile; non sussiste nessun codice di linguaggio che chiarifichi perché non si possono reprimere o permettere, delimitare o incoraggiare, pianificare o ostacolare, comportamenti individuali. Forse, non è altro che la segreta e misteriosa sapienza conquistata con l'operosa ricreazione del proprio microcosmo e il contributo che si ricava dal dialogo interno dell'anima con se stessi, che modifica la propria sensibilità, il proprio intelletto, il pensare in maniera più duttile ed elastica gli avvenimenti esteriori. Come si possono spiegare le sensazioni che producono l'analisi delle forme, delle linee, dei tracciati che diventano più semplici ed essenziali nell'esoterica ricerca?

In ogni tempo, accanto alle esigenze ambientali ordinarie si è inseguita la conoscenza della validità spiritualità e nella continua analisi e interpretazione per scoprire il segreto escatologico.

In effetti, quello che si reputa segreto (forzatamente così si vuol far credere) non è altro che la ricomposizione d'idee, di sentimenti nel ripercorrere una realtà mista di fantasia e dolore, con il quale si ricerca l'approfondimento di una conoscenza per avere risposte di verità, specie se rivolte oltre la linea della conoscenza umana, alla fine dell'esistenza terrena. Di conseguenza, non esiste la possibilità di rivelare un non segreto, una fantasia del profano e forse anche del massone stesso. Il segreto, se questo davvero esiste, è quello che si può chiamare segreto dell'impossibile, in altre parole, non si può esternare o comunicare e quindi non c'è l'utilità a farlo conoscere oppure di formarne un'immagine. Per questa ragione, il più evidente contrasto che si presenta nei confronti della Massoneria, è il tentativo di far uscire qualcosa di peccaminoso, di prestare orecchio, aperto e attento, per un'impossibile confessione del proprio stato interiore.

Si ritiene che i veri scopi del profano non siano quelli legati al segreto, perché i continui tentativi a volte chiari, altri abbastanza occulti, sono stati da sempre quelli di coinvolgere l'Istituzione massonica in processi d'integrazione sociale, culturale ed esclusivamente di natura politica per essere poi sfruttata per altri fini reconditi.

L'incapacità d'insuccesso per l'inabilità a usufruire della parola, il cui buon uso può far realizzare processi di maturazione, ma se non appropriato o equivocato, fa reagire la Massoneria a difendersi chiudendosi nel suo Tempio, adottare l'esoterico linguaggio e pensiero incomprensibile ai profani.

Protendere un segreto esoterico, non è proprio possibile. Come poterlo tradurre s'è ineffabile, se non esiste un codice di linguaggio che può individuare il perché non si reprime, delimitare o incoraggiare, come non si possono pianificare o interdire comportamenti individuali. Come si può spiegare le sensazioni che producono l'analisi delle forme, delle linee, dei tracciati più semplici all'esoterico? Come si può spiegare la sensazione che si riceve nell'analizzare il simbolo, nel riuscire a ricevere i segnali interpretativi? Non è possibile spiegarlo: è il Mistero! Il Segreto!

Certamente non sarà un modo corretto di comportamento chiudersi in immateriali e impenetrabili confini ma di fronte a persecuzioni resta la soluzione migliore e ciò può rendere comprensibile il difetto di comunicazione che esiste ancora con il mondo profano e il ritardo che si è accumulato nel corso degli anni, nei riguardi della conoscenza del mondo massonico. Le esperienze negative oltre alla nota caratteristica distinzione della Massoneria per l'interesse al silenzio ed al privato nei confronti del mondo profano, sono avvenuti non per un aspetto esteriore ma per scelta esoterica e spirituale, oltre che per le rigide regole che si è imposta nel corso secolo trascorso, con una ritualità e una simbologia non tanto spiegabile al profano. Nei Templi si lavora per il compimento di un'autodisciplina, di un controllo interiore, intimo e costruttivo e possibilmente per la scoperta del contenuto interiore della parola. Non è un caso che per un certo periodo del corso dell'Apprendistato è d'obbligo il silenzio. Si applica il silenzio tradizionale della scuola Pitagorica, chiamando i neofiti Akoustikoi o ascoltatori, e applicando il motto lungi il profano, come chiusura col mondo esterno, perché per arrivare alla maestria, bisogna saper frenare il rumore del linguaggio, che ha la capacità di interpretare i fatti di solito in modo diverso della parola stessa, che crea intolleranti disturbi di comunicazione con gli altri.

Vi è un aspetto molto importante che non potrà mai capire il non iniziato: la vera e genuina Massoneria agisce e lavora continuamente con lo scopo di favorire un processo interiore e individuale, per essere capaci di realizzare i principi di libertà nel percorso di vita giornaliera.

Non bisogna dare false speranze di realizzare nel mondo profano un ruolo guida, specie politico, perché non è nell'idea massonica assumerlo, anzi proprio quando si pensa di assumerlo si crea la ribellione, non solo profana, ma principalmente da parte di Massoni che non condividono una

Massoneria impegnata politicamente. Ciò nondimeno, se qualcuno si è illuso o possa illudersi che la Massoneria diventi un partito politico, considerato l'alto numero degli iscritti, è in errore, ad eccezione dell'essere garante nel far rispettare la democrazia e la libertà dei popoli, senza distinzione di razza.

Il suo interessante obiettivo è di collaborare in modo onesto e trasparente con il prossimo, sia nel sociale incontro di solidarietà dell'esterna società profana sia di studiare con estrema attenzione i possibili, oltre necessari, bisogni dell'uomo. Il vero principio massonico è lavorare sull'uomo, in un graduale capovolgimento di alimentare la sua cultura, costruire e rendere concreta la giustizia umana e la libertà di pensiero dei principii e dei diritti.

Uno dei motivi di attacchi subiti dalla Massoneria, è da ricercare nell'interesse di politici o di poteri occulti diversi, che quasi spingono a farla diventare un'organizzata proposta - dei partiti, o meglio agiscono nella pretesa di una formazione di partito con veste dissimulata, oppure nel non denunciare la sua indipendenza nella scelta religiosa. E' ovvio che il problema resti, se è vero, così come è, che l'Istituzione massonica non coltiva interessi a diventare un partito politico o un riferimento religioso. L'attenzione massonica in una scelta di tal genere è da ritenersi infondata e non realizzabile, anche se si cerca in tutti i modi di demonizzarla, e spesso, con cinismo si vuole esporla al rischio di una contesa politica-sociale oppure di natura religiosa.

Non si è mai stanchi di ripetere che l'accumulo d'astiosità nei confronti della massoneria non può essere l'obiettivo di una società moderna e pensante. Non si corre nessun rischio se un suo adepto diventi deputato o Sindaco o ricopra qualsiasi altra carica amministrativa, perché se sbaglia, se diventa un tangentista, non perché Massone, ma perché marcio interiormente e socialmente! Così come può esserlo chiunque altro politico. Ciò può ugualmente accadere perché nessuno è perfetto, ma semplicemente e chiaramente si evince che non è stato un vero Massone, ma una pietra rimasta grezza senza subire una seria trasformazione interiore nella sua iniziazione, che non ha esercitato una riflessione nella sosta avvenuta nel gabinetto di riflessione, così come non impegnato realmente nella redazione di un progetto qualificante, per diventare un uomo pensante, un uomo colto e sensibile nell'analisi degli accidenti profani.

E' da ritenere che non tutti abbiano le facoltà di affrontare e sostenere i principi massonici, è un impegno difficile: è crescere culturalmente e intellettualmente, è far lavorare il cervello, crearsi un tragitto interiore, è condizione di controllo della sofferenza ma anche conoscenza della libertà, della democrazia. Non è una commistione di principi ma semplici e unici motivi che individuano la particolarità di pensare e agire.

Ci vogliono molti anni d'intenso lavoro psicologico profondo per capire il vero significato della simbologia massonica e la sua incisiva azione che plasma l'intimo pensare dell'uomo-massone. La consapevole conoscenza anche dei contrattempi, a volte modesti altre volte preoccupanti, non solo serve all'approfondimento della propria vita, ma riesce a spronare e dare corpo all'identificazione d'emozioni, anche se non sempre gradevoli, spesso con istigatrici rappresentazioni che servono per un'escogitante ma giusta chiave di lettura nello schermare la natura dolorosa e di difficile interpretazione. E' l'intimo e personale segnale di un messaggio di soggezione intellettuale e di profonda tolleranza quando si è di fronte all'interrogativo: se è necessariamente utile reprimere sentimenti che possono essere interpretati negativamente nel riconoscere un'individuale affermazione di libertà.

Nell'animo d'ogni essere esiste un elemento ideale che non sempre si riesce a far risalire sino alla reale condizione di coscienza visibile e tangibile, perché si è nella difficoltà e nelle condizioni di debolezza nell'interpretazione dei simboli. È una qualità in possesso del Massone, e per questo motivo egli riesce a sollecitare la genialità di un tragitto qualificante, nell'itinerario quadrangolare del tempio interiore, e nella personalissima costruzione dell'ideale progetto, da Apprendista all'alta conoscenza di Maestro d'Arte, dall'umiltà si realizza l'equilibrio intellettivo.

La Massoneria non è organizzata in senso politico, perché la saggezza dei suoi principii si pone fuori da qualsiasi disputa profana, difendendo la riservatezza dei lavori che si eseguono nel Tempio e della Tradizione simbolica e rituale. Come non ha interesse a pubblicizzare o ad affermare, fuori del tempio, ideologie o promesse di governo o d'educazione sociale o di religioni diverse. Il suo scopo, le mire non sono altro che esaltare l'indiscussa capacità libertaria e coltivare l'interiore umano a far sì che questa necessità, questo continuo bisogno dell'uomo, esca dall'interiorità e si esprima palesemente nella vita di ognuno di noi.

Tutto ciò che è presente nelle manifestazioni esoteriche o nei paramenti che s'indossano, il grembiule d'agnello, i guanti bianchi, ecc... esprimono il carattere simbolico dedicato alla ricerca interiore, di elaborazione esoterica dei simboli e degli utensili presenti, esprimendosi il preciso obiettivo che compiutamente si svolge il lavoro nel Tempio. Il linguaggio, la terminologia, i segni usati sono antichi modi di comunicare in centinaia di anni all'interno del Tempio e nulla è cambiato se non il succedersi di volti delle persone.

Il Tempio massonico non è accreditato come un luogo adibito a compiere atti di culto, non è usato come spazio sacro, dove si svolgono e si operano scambi col divino, così come avviene nelle chiese o in altro luogo religioso. E' sì un'area chiusa, dove si svolgono le riunioni, le tornate di lavoro, dove sono presentati tutti i possibili strumenti simbolici necessari a svolgere un lavoro interiore, a disegnare progetti d'idee in un'impegnativa ricerca nascosta e non in una raffigurazione teologica che riferisca unicamente la risoluzione di una verità rivelata, che riguardano la convinzione religiosa circa il concetto di Dio e quindi elevati a culto religioso. Per il Massone esso rappresenta lo spazio sacrale, controllato da un Essere Superiore, il Grande Architetto dell'Universo, che concentra tutta l'armonia e il segreto amore umano, il luogo prediletto da uomini che cercano l'equilibrio mentale e psicologico, l'ordine delle cose, in un'area sacra che possa difendere dalla profanità generica; un luogo dove i suoi attrezzi, l'arte, esprimono fantasia nel trasferimento di un modulato concerto nell'intimo del proprio Essere. Si è coscienti che solo adottando questo metodo si può lavorare in meditazione e nella ricerca interiore, riconosciuto che una circoscritta area mentale intellettiva è deputata a tracciare tragitti di pensiero, in una singolarità interiore, per ricercare la verità con razionalità. Forse è l'unico modo per liberarsi da ogni esternazione ideologica del profano, anche se a volte si causano conflitti negativi o bellicosi, desolanti e ingiustificabili, nei confronti del proprio intimo e del credo massonico, che a volte interessa o coinvolge involontariamente. Solitamente si trova in conflitto con i problemi dell'esistenza ultra terrena, specie per la diversità del Massone a confrontarsi con il credo di un essere superiore, individuando un'immagine particolare non solo assegnandogli un nome diverso da quello delle religioni (sarà stato anche una comodità invocarlo come Grande Architetto dell'Universo e lavorare per la sua Gloria), ma forse anche per ricordarsi della nascosta figura di un Grande Ordinatore del Cosmo.

Certo, sono diversi i tragitti del percorso massonico, ma non per questo devono essere sbagliati; semplicemente possono essere cammini che transitano su strade diverse e possibilmente condurre allo stesso traguardo. Può essere che nel percorso profano, la presenza massonica faccia risaltare i principi e le sue scelte prioritarie nei confronti della libertà individuale e collettiva, del sapere, quello sociale, religioso, e che tutto ciò possa dare fastidio a chi cerca di diffondere credi dogmatici o di supremazia politica. La scelta massonica di non rifugiarsi nell'ombra di un'organizzazione politica o religiosa, la qualità di possedere capacità promotrice d'idee e di liberarsi dagli ossessionanti dubbi esistenziali, di trovare risposta agli eventi giornalieri o almeno cerca di ottenere una spiegazione, di dare un senso valido agli interrogativi che assillano l'uomo e trovarne risposte libere da ogni deviante e pseudo civiltà. Scelte, e non si comprende mai il perché, sono sempre osteggiate, combattute dal mondo profano e in ogni caso, anche se sono scelte che danno a volte fastidio, non per questo devono, però, essere necessariamente avversate.

Il credo del Massone è questo: il suo obiettivo è l'esplicita pratica di ricercare il proprio Io, di compiere tragitti interiori validi per esplorare il suo microcosmo di scoprire ciò che è chiuso, oscuro.

Nel mondo profano le forze dell'uomo sono rivolte all'agitazione, al disordine e all'egoismo delle passioni, all'orgoglio e all'ira, alla volontà più sfrenata di sottomettere gli altri, il proprio prossimo al proprio volere: nel mondo massonico questi desideri o sensazioni, sono considerati negativamente, poiché totalmente diversi dal segreto dell'inesplorato interiore del proprio animo. Il Massone si sente veramente uguale agli altri, anche se a volte pare voglia manifestare una diversità culturale e intellettuale; oppure può avere fastidio nel dover accettare disturbi di comunicazione con il mondo profano (essere impedito a poter trasmettere le proprie idee e i necessari bisogni senza essere dominati da volontà discordanti). In ogni caso non dimostra di avere qualcosa in più degli altri; egli appartiene al mondo reale come tutti gli uomini che abitano la terra. Forse il qualcosa in più, se così può dirsi, è l'obiettivo che desidera di raggiungere (l'elevazione dell'uomo dai meschini atteggiamenti, servilismo, prepotenza, superstizioni), tendere nella sperimentazione di mettere insieme un progetto di ricerca ed elaborazione di valori in una trasformazione dell'uguaglianza, tolleranza e fratellanza. Sono gli alti ideali che occupano l'impegno del Massone a realizzare il nuovo, (oppure sarà vecchio), imparando a ragionare nella libertà di pensiero nell'attualità caratterizzata da un ambiente politico-sociale generalmente in crisi, sempre nel rispetto delle idee altrui e del comune essere, anche se avverso interlocutore.

La ricerca massonica è volta a collegare e unificare le percezioni interne del senso comune di sapienza intima e naturale nella realtà morale e reale della profanità dell'uomo pensante; di avere chiara la scelta di libertà non vincolante e non assoggettante a qualsiasi manifestazione di potere profano, né di tendere a elaborare una particolare ideologia, ma col vivo e valido interesse unicamente rivolto alla ricerca della sua interiorità; coltivare il miglioramento psicologico e la riuscita dell'amore fraterno. In questo modo si perfeziona intimamente il suo comportamento di controllo nell'inquietante mondo profano, tanto da diventare un'azione naturale che lo tiene lontano dai pregiudizi e dall'umana cattiveria.

E' questo il ruolo che contraddistingue gli iniziati della Massoneria e i loro iscritti che lo svolgono senza proclami mediatici e senza ottenere consensi dal potere ma esclusivamente con l'interesse rivolto a obiettivi umanitari. Per modellare comportamenti che a confronto della disuguaglianza sociale ed economica, escludono di intervenire o esercitare per forza un potere predominante nella profanità ma dando garanzie nell'assicurare una partecipazione intellettuale di creatività sociale, illustrando diffusamente i vari argomenti finanche con dibattiti pubblici, per attivare processi di socializzazione politica, intesi come progetto di lavoro e non come interventi a un'obbligata partecipazione della gestione di una forza politica. Tutto ciò nell'esclusivo perfezionamento intellettuale e culturale e correggere possibili punti sbagliati o male applicati, di una gestione antidemocratica e antilibertaria, con lo studio del fenomeno con verifica in un'estensione di condivisione della società, esaminandone le strutture più adeguate, per una partecipazione di un largo strato sociale. E' il principio da applicare alle masse, nel rispetto del singolo, evitando distrazioni, errori e assurde interpretazioni d'applicazioni di benefici, che poi si rivelano macro ingiustizie sociali ed economiche. E' l'unione politica di una nazione, il senso di democrazia e libertà e la contemporanea intenzione politica, anche dei partiti, di movimenti senza condizioni ideologici ma produttrice di progetti validi per esprimere governi democratici e di partecipazione della massa.

Il ruolo che può avere la Massoneria nella partecipazione di socializzazione politica, è specifico oltre che essenziale, per formare gli uomini nella condivisione di questo processo. E' un compito che si svolge con tranquillità e sicurezza nei Templi, in un'investigazione del profondo Io, perché solo perfezionando le tecniche dell'interiore ricerca, tenendo fuori i rumori dei metalli, le provocazioni e le lusinghe profane, si può scoprire l'elemento naturale nel quale si lavora da centinaia d'anni; tanto per la crescita e lo sviluppo di un'idea, per portare a termine il processo interiore d'ogni massone, facendogli recuperare i valori e le energie utili a depurarlo da prepotenze, egoismi o vendette e far raggiungere la sospirata coscienza della ragione.

Il Massone, lo stesso uomo, raggiungendo la coscienza della ragione può affermare essersi realizzata l'educazione etica assicurando pace, progresso e libertà; nella sua conquista partecipa, distintamente con un contributo reale e corretto, in movimenti o partiti politici, confermando maturità a tradurre intelletto e cultura e a saper usare l'interiorità della parola. Può conquistarsi quella consapevolezza del senso di giustizia con l'applicazione della sua tecnica. Nello scambio d'idee riesce a dimostrare la razionalità del pensiero, chiarezza nei dubbi e incertezze, offrendo garanzia e rispetto educativo per il prossimo. Si può confermare che il compito della Massoneria è un ruolo indiretto; non partecipa attivamente alla conduzione o gestione di una nazione, ma è incisiva nella visione d'indipendenza e di libertà ideologica.

Non sempre si possono evitare rischi e ambiguità specie quando, oltre all'orchestrazione politica di gruppi senza dichiararlo palesemente, agisce, con propaganda occulta e simulata, producendo attacchi alla Massoneria per conquistarsi una fetta di potere politico profano. Spesso ciò accade all'insaputa della stessa Istituzione, a volte prodotte proprio da massoni, che invece di combattere l'intolleranza repressiva, espressa dalle varie Istituzioni o persone, sono essi stessi a praticarla con la speranza di sostituirsi al potere esistente.

Ci sono esempi recenti e passati di questi accidenti: lo scandalo Banca di Roma, la P2 e tanti altri di minore entità. Sono accidenti che hanno portato immediati e furiosi attacchi contro la Massoneria, anche se era di pubblico dominio che l'azione era svolta esclusivamente da uno sparuto gruppo di persone e che l'Istituzione non c'entrava per niente. Non si è fatto neanche un piccolo sforzo per individuare che i primi a denunciare questi episodi di malaffare sono stati gli stessi fratelli massoni, i quali hanno sempre chiarito che l'Istituzione non c'entrava per niente, essendo sole azioni di pochi isolati la cui condotta e pensiero non erano certamente quelli per i quali erano stati educati dal credo massonico, orientati, però, verso una finalità più deviante e personale.

E' indicativo come queste ingerenze o tentativi del potere profano contro la Massoneria, anche quando sono stati coadiuvati dagli stessi massoni (deviati o meno), erano denunciati da Massoni stessi che, contemporaneamente, hanno cercato di evidenziare che non esistono santuari intoccabili e segreti o fasce protette o occulte fin quando sono presenti uomini-massoni che hanno appreso, nel modo giusto, i veri principi d'insegnamenti massonici.

Spesso ci sono soggetti non solo profani, che si sforzano di trovare alibi che, in qualche modo, possano screditare Massoni che ricoprono cariche pubbliche, oppure si danno da fare per scovare potenziali obiettivi per colpire fratelli dentro l'Istituzione, non solo sul piano simbolico per allontanarli da possibili cariche massoniche e renderli inoffensivi e isolati, ma anche per diffamarli e danneggiarli nell'ambito del proprio lavoro e della propria usuale attività.

A volte, sono le stesse autorità massoniche che riescono a denunciare e punire gli autori che insidiano la serenità massonica.

Eccezionalmente, però, può succedere che anche al vertice organizzativo si devia dalla giusta strada, allettato dalla possibilità di creare un seguito per fini diversi da quelli prettamente massonici, così com'è accaduto con Saverio Fera nel **1908** o con De Bernardo negli anni novanta.

Le lacerazioni prodotte dalle incomprensioni che generarono la scissione del **1908**, ebbe un effetto perforante nell'organizzazione massonica, anche per gli interventi attuati dal Governo Giolitti, cui fece parte numerosi uomini governativi fra gli scissionisti, che crearono altre tensioni e una campagna negativa che culminò con l'espulsione dei massoni socialisti. Così, infatti, avvenne con il Congresso socialista d'Ancona del **1914**, poi, di seguito, con la nota Legge fascista contro la Massoneria. Non si tenne, però, in conto l'esempio del Sindaco Ernesto Nathan, (già Gran Maestro) eletto con la famosa "politica dei blocchi" nel **1907**, che governò positivamente la città di Roma, lasciando un ricordo nostalgico, quasi fino ai nostri giorni. E' anche vero che spesso s'inventano artifici vari per poter danneggiare la Massoneria, addirittura con strumenti legislativi o con subdole azioni Amministrative oppure con formule diverse, ma in ogni caso tutto esclusivamente volto in chiave antimassonica.

Volutamente, sebbene non continuamente, si creino equivoci o cattive interpretazioni sul segreto massonico e perché questo non è rivelato.

Presumibilmente è la principale causa delle difficoltà di avere un chiaro rapporto di comune esistenza con il mondo profano, sta proprio nell'atteggiamento critico e di diffidenza di ciò che si ritiene nascosto, quasi certamente senza neanche pensare a perfezionarlo. Così il Massone, forse a differenza degli altri, agisce in profondità, nei fondali sconosciuti dell'interiorità umana e cerca in continuazione di perfezionarsi e migliorarsi.

Volutamente, sebbene non continuamente, danno origine, perciò, equivoci o distorte interpretazioni sul segreto massonico perché questo non è rivelato.

Verosimilmente la principale causa delle difficoltà nel creare un chiaro rapporto di compresenza pacifica con il mondo profano, sta proprio nell'atteggiamento critico e nella diffidenza verso ciò che si ritiene nascosto, quasi certamente senza neanche tentarlo di perfezionarlo. Così il Massone, forse a differenza degli altri, agisce in profondità, nei fondali sconosciuti dell'interiorità umana e cerca in continuazione di perfezionarsi e migliorarsi.

Interno Tempio massonico a Cosenza

2

La tradizione iniziatica e la simbologia.

Il percorso iniziatico massonico è tracciato secondo un ordine d'armonia e bellezza e fa prendere cognizione della struttura, del destino e della volontà che la circonda. Il lavoro nel Tempio ha lo scopo di creare l'intuizione geniale, la verità che tanto l'uomo cerca. Spesso ci sono ombre che danzano davanti allo specchio della coscienza, offuscano i sensi e non fanno riconoscere il vero e la realtà, non producono condizioni concrete per elevarsi dalla banalità quotidiana, piuttosto fanno confondere e dubitare s'è più valida la quantità a sfavore della qualità: è avere o è essere.

È un percorso d'esperimenti e trasformazione. Di tracciati che indicano un preciso codice morale volto a professare amore fraterno, creare cittadini migliori, liberarsi dall'ansia del caos per disciplinare i principi della Tradizione; a volte con difficoltosa analisi che non riesce ad afferrare o a spiegare la giusta considerazione delle proposte di sogni realistici; quei sogni che si auspica diventino realtà nei rapporti umani, nell'azione sociale di contributi d'idee, degli aiuti verso il genere umano, di proporre pace e serenità. Si concorre alla realizzazione di sogni realistici, nel tentativo di produzione, quasi utopistica, di comportamenti migliori di vita e manifestazioni di sentimenti che esprimono libertà, democrazia e uguaglianza.

Sono tragitti che inizialmente, si tracciano nel Tempio, poi proseguono fuori, nel profano e sistematicamente si libera del possibile mistero che aleggia in Loggia; si affronta la realtà di un cammino rischiarato dalla Luce creata col processo morale, che ognuno dei Massoni realizza col sogno realistico. Il sogno realistico a realizzare principi di libertà, di rispettare le idee degli altri, l'evitare giudizi affrettati o contraddittori sulle vicende personali o peggio ancora su quelle sociali e politiche.

È il sogno di poter applicare nella vita profana gli insegnamenti attinenti agli intendimenti morali, il riuscire a essere più vicini e in armonia col prossimo è il tentare a dissipare i dubbi del profano, dando concretezza alla concezione d'uguaglianza, intesa non solo come un livellamento intellettuale o di cultura, ma possibilmente anche di tipo economico e sociale.

Il Massone è alla continua ricerca di svelare, di spiegarsi il motivo per il quale l'individuo cerca continuamente di distruggere valori come l'amicizia, l'amore tra gli esseri umani e l'ambiente, come ancora il rispettare i bisogni delle donne, dei bambini. Si nota la gravità di vedere l'orrore sociale, ambientale ed economico, ma si è convinti di non poter far nulla per correggere e per partecipare alla loro risoluzione o almeno ad impegnarsi affinché non vengano distrutti valori tramandati dalla secolare tecnica di vita. È pur vero che non esistono formule magiche, ma almeno la volontà e l'onestà intellettuale di evitare l'aggravarsi del progetto involutivo della società profana, che inevitabilmente approfitta nel mettere nel dubbio finanche lo spirito di libertà e democrazia. Sono produttori di ansie che spingono il Massone verso un'azione cosciente di ricerca introspettiva affinché possa più avanti scoprire il metodo per rendere comprensibile e spiegare, per annullare così il distacco dagli accidenti profani e acquisire la serenità di giudizio della propria coscienza. Nessuno è migliore dell'altro, perché tutti possiedono una capacità mentale differente e ogni individuo ha una sua funzione inserita anche nel percorso massonico, oltre la superficie riflettente dell'irrazionale emozione umana, aiutato e interpretato con l'iniziazione, può affrontare un lungo lento e faticoso viaggio per addestrarsi a raggiungere la meta e orizzontarsi, con l'acquisizione della tecnica esoterica, scrutare gli avvenimenti, gli accidenti terreni, riuscendo in questo modo a guardare sotto un'altra prospettiva, il mondo del potere e della libertà. L'iniziazione produce tale genere di funzione con una praticità esoterica, volgendosi a ristabilire l'ordine che il caos dell'ignoto crea nel nostro pensiero, con l'equivoco e deviante enigma del principio escatologico che affligge l'uomo sin dalla sua esistenza. Molto spesso, il nemico è anche dentro lo schieramento della Massoneria stessa; sì da fare a manipolare strategie politiche indiscutibilmente non consoni ai sacri principi e lontani da una specifica e principale ricostruzione del proprio micro-centro.

Forse, proprio per questo motivo, si rende utile scoprire e l'aprire alla conoscenza della Massoneria al mondo esterno, non i suoi metodi di lavoro o spiegare la sua simbologia, che in tal caso sarebbe solo volta a soddisfare un'insana curiosità, ma semplicemente fare conoscere la sua storia, l'attualità dei propri scopi e dei propri fini. Spiegare che la Massoneria non è una setta nella quale si preparano continui atti contro il potere costituito, chiarire che le strane apprensioni che si formano nei confronti dell'istituzione sono da sciogliere, perché, in realtà, si professano e si praticano la tolleranza e la differenziazione religiosa, politica, razziale, sociale ed economica.

Verosimilmente è una delle poche Istituzioni consapevoli di ricoprire un ruolo ricco d'interessi e privilegi, tradotti in valori umani e guardati, analizzati nel vissuto reale con metodi critici e senza offuscamenti dottrinali. Necessariamente è da spiegare con chiarezza, modestia e umiltà, sempre con distinta genialità massonica, la dottrina professata, esclusivamente rivolta al rispetto della legge e della libertà individuale e collettiva, atta ad acquisire una coscienza sempre da utilizzare essenzialmente nell'interesse comune, con spirito volto al progresso dell'umanità, con l'aspirazione a essere e non esclusivamente ad avere.

Purtroppo permane fortemente nel profano uno stato d'animo a rintracciare i caratteri particolari del processo d'affrancamento dell'idea massonica, nel vissuto sociale in uno stato liberale e democratico, in cui è palese il convincimento della società profana di possedere l'intollerante e presuntuoso diritto a voler essere l'unico giudicante, l'unico detentore della verità. È il caso di esaminare s'è lecito il sospetto della società profana, che rappresenta con comparazione diabolica la Libera Muratoria, insinuando il sospetto che questa non rispetti l'idea del prossimo, oppure che usi metodi strani, incomprensibili o che possa recare danni ed attivare persecuzioni, anche fisiche.

Quasi certamente questa reazione è scaturita da un represso complesso psicologico nei confronti di chi è portatore della tolleranza, di chi tiene sempre presente valori come: la giustizia, la lealtà, l'amore e l'uguaglianza.

Queste primarie aspirazioni massoniche da sempre hanno esaltato uomini che hanno lasciato profonde tracce nella storia d'ogni Paese, riuscendo finanche a trasferire nelle Costituzioni di Stati (vedi USA) o Istituzioni aggreganti (ONU) o nella Carta dei diritti umani.

Tutto questo ha un evidente significato: se l'uomo apprende in pieno l'insegnamento massonico, n'è ripagato con un perfezionamento sia culturale sia spirituale (inteso come perfezionamento della ricerca interiore e non come credo religioso), acquisendo un automatico comportamento utile a smuovere le negative reticenze assorbite nel corso della propria crescita intellettiva. Ne consegua quella raffinatezza di giudizio del pensiero libertario, costante nel rispetto delle idee altrui, in una valida partecipazione di cambiamento anche culturale della società ottenendosi con concordia al cambiamento di mentalità restrittiva della libertà dell'uomo.

Nella Tradizione massonica, la realizzazione di questi e d'altri progetti di perfezionamento sono particolari caratteristiche di ricorrenza e conoscenza dei riti e della simbologia, utilizzati nei lavori che si svolgono nelle Logge massoniche, e che diventano realmente operativi se funzionano da agenti di realizzazione profana, per creare, anche se in modo singolare e particolare, il Massone, facendogli porre in essere, in un vissuto profano, quella dialettica chiara, concisa e totale dei sani principi dettategli dalla Massoneria. L'uomo-massone è partecipe all'evoluzione dell'insieme con una modificazione individuale e ineluttabile, e tutto ciò che accade nella società in cui vive non lo lascia indifferente, anzi lo sprona ad analizzare razionalmente gli eventi, a individuarne la risoluzione, eventualmente collaborando o, almeno, partecipando attivamente a trasmettere e ad alimentare di adoperarsi a favore dell'uomo e della società.

Nella Massoneria, c'è tutto ciò che si desidera, circa la produzione spirituale, che è finalizzata a dare delle risposte, anche in chiaro, in una realtà razionale tesa a dare soluzioni ai bisogni interiori dell'uomo.

Per questo la Massoneria è un fatto, non una conseguenza, magari anche logica, che riesce a creare uno spazio privato, l'intimo necessario all'uomo per esprimersi in interventi sociali. Tutto ciò chi ha desiderio di interpretare i bisogni generali di un popolo, con il ricavo di un'esclusiva soddisfazione mentale circa l'interpretazione dei dubbi, sottoposti continuamente a un metodo critico, dandosi poco spazio a informazioni profane, ricevendosi risposte che spiegano il mistero dell'esigenza umana al vivere insieme ed in serenità sociale, con tutto lo specifico di passioni, anche nello stato di conflitto e forza insito nell'uomo.

A differenza dell'uomo comune, il Massone, essendo un iniziato, quindi in possesso di un processo di evoluzione interiore, conosce se stesso e si riconosce in sé, percependo la ragione dell'essere. Così Charles Gerber descrive queste sensazioni interiori: "... L'uomo deve liberarsi rinunciando a se stesso, alle proprie prevenzioni, all'orgoglio, alle passioni, alle grettezze, ed accettare l'amore per il prossimo sostituendo all'amore per sé" che la "... lotta contro l'Io sopprime la lotta contro Dio e contro il prossimo".[2]

---

[2] – C. Gerber " Dal tempo all'eternità"-

Per diventare un iniziato, l'uomo deve sovrastarsi, deve liberarsi dagli involucri sociali, religiosi e anche politici che lo attorniano, fino a raggiungere l'essenza di se stesso. E' un procedimento che dà il soffio vitale e il vigore massonico, per riuscire a conquistare uno spazio e stabilire un ruolo preciso di costruttori o meglio di muratori, costruendo le idee con gli strumenti tramandati dalle tradizioni, con la competenza ad edificare l'edificio spirituale nell'area dell'intima essenza umana.

L'acquisizione della metodologia massonica sta nella familiarità di un intenso lavoro di ricerca interiore, nella possibilità di scoprire il mistero della vita, che induce a prendere coscienza delle emozioni, a penetrare la mente per scoprire sia i contrasti sociali sia la bellezza di rendersi conto che sei proprio tu a conoscere ed a percorrere il cammino spirituale senza essere guidato da altri. Riuscire a capire in profondità il linguaggio della coscienza, significa distinguere le scelte di comunicazioni dai veri bisogni umani, che molte volte sono confuse da linguaggi intrisi d'odio e di continui disprezzi, di quella parte della società che non condividendo pensieri e idee, teorizza stati di colpe estreme che non sempre trovano giustificazioni. Non riuscire da adottare in linguaggio della coscienza, vuol dire tenere rapporti difficili non solo con il prossimo, ma principalmente con se stesso. Come si fa a immaginare di averlo trovato se non si riconoscono gli aspetti negativi prodotti dall'impianto sociale, le anacronistiche applicazioni del sistema applicato da chi guida una nazione, se i metodi usati, superati o demagogici, inevitabilmente portano a reagire con contestazioni e iniziative volte a far riconoscere diritti sospirati? Questo tipo di contestazioni o meglio, quando lo si riconosce sulle problematiche sociali, l'Istituzione Massonica non agisce direttamente, perché essa, come organismo è sempre fuori dell'agone politico-sociale, ma opera attraverso i suoi affiliati, che credono a questi bisogni sociali, con quelli che sono stati più sensibili agli insegnamenti spirituali dei lavori di Loggia, partecipando alla risoluzione delle problematiche sociali.

Il Massone che prende consapevolezza del linguaggio della coscienza, non può fare a meno d'essere protagonista individuale nel collettivo sociale; sono due diversi momenti concettuali e anche pratici, che trovano coincidenza nell'ideologia della diversità, dell'equivalenza.

Il Massone ha sempre lanciato il suo grido di dolore a difesa dei deboli, si è trovato e si trova, costantemente in prima linea a chiedere con forza l'applicazione dei diritti sociali, a volte riuscendo a mettere a segno, coadiuvato anche dal profano, ad esempio nel divorzio, aborto, diritti umani, ecc... azioni che hanno profondamente inciso nell'organizzazione sociale di molte nazioni. Sono scelte generate dalla razionalità del proprio pensiero, dalle continue analisi su realtà decadenti completamente prive di risorse umane, oppure condizionate da dogma religioso o da governi limitanti la libertà ideologica, a volte anche quella fisica.

Questi sono i casi in cui il Massone aderisce volontariamente, quasi in modo automatico a lotte nate per bisogni sociali e per questo partecipa, per la sua condizione d'uomo libero e di buoni costumi, perché la sua formazione interiore lo porta ad una visione ampiamente più larga, aperta e interessata a tutte le possibili valutazioni. Nella sua posizione sociale non è l'uomo del passato o del conformismo, ma del presente e del futuro. La sua ricerca interiore lo porta a spaziare su tutti i campi della conoscenza umana e su tutte le problematiche, con domande che continuamente egli si pone come l'uomo pensante.

Il suo pensiero non è statico, anzi è tutta una dinamica interpretazione degli avvenimenti che si sottopongono alla sua vista della sua conoscenza. Il suo obiettivo è di avere accesso nel proprio microcosmo e di spiegarsi le difficoltà del suo Essere, di riuscire a tracciare una strategia di pensiero per porre l'attenzione alla ricerca di un'ideazione di progetto e per riuscire a controllare gli impulsi interiori che tendono a risalire in superficie, nel conosciuto, sia razionalizzando le possibili negatività che indeboliscono la capacità di risolvere i problemi d'identità individuale. Un procedimento appropriato è il riordinare questi impulsi, usando il simbolo, gli strumenti presenti e offerti nel tempio, che permettano un trattamento logico, da utilizzare nell'elaborazione della profonda analisi tesa ad armonizzare la possibile ideazione di progetto.

Tuttavia il processo d'armonizzazione non può avvenire se il Massone opera in un ambiente di favori non regolati, ovverosia quando diventa questuante per ottenere favorevoli aperture politiche o economiche che favoriscono quelle scelte di cambiamento che non sempre si possono considerare giuste o meglio; sono distinzioni regolatrici, obbligate da una qualche ascendenza, che limita i principi di un'autonomia realizzabile, che si tende a tradurre continuamente in realtà.

A volte, si arriva a voler modificare anche norme varianti gli antichi doveri, pietra miliare dei dettami massonici, e le stesse Costituzioni della Massoneria per esigenze di trasparenza verso il mondo profano, ritenendo opportuno che possano essere più attendibili, più imparziali, più redditizie nell'attuale momento socio-politico oltre che per non essere disturbati da eventuali divulgazioni mediatiche oppure si evita di adottare un atteggiamento deciso, quando si trasgrediscono antichi dettati massonici, perché si ritiene che ciò possa non agevolare i contatti socio-politici, perché la connessione con il mondo profano debba per forza avvenire con un'innovazione dei propri statuti o regolamenti, in quando è questo che chiede la società profana per accettare la Massoneria, ma non sono queste le regole per farne uso per respingere ogni oppressione quotidiana che impediscono di gustare la libertà ideologica e religiosa.

La Massoneria non deve essere intesa come modello matematico, dove equazioni e assiomi tracciano linee per disegnare e formulare progetti d'idee, ma di operare per ravvivare le facoltà a comprendere bene il linguaggio figurato nell'osservazione, nell'analisi e nell'immaginazione per la ricerca della chiave spirituale che polarizza l'interesse a leggere il simbolo, per la giusta interpretazione del mistero che affligge intensamente l'uomo nell'arco della sua vita.

I simboli anche se nel suo aspetto esteriore sono visibili a tutti, non tutti riescono a conoscerne il giusto tragitto, perché non tutti possiedono la giusta chiave esoterica per scrutare l'intima manifestazione del proprio mondo interiore. Come non sempre si riesce a restituire l'immagine diversa da quella che si acquisisce o si interpreta, magari con artistica e fantasiosa esposizione, su ciò che coinvolge nell'espressiva vera e realistica funzione.

Il Massone è agevolato all'uso della manipolazione e dello studio dei simboli, non solo perché trova a disposizione gli strumenti necessari nel Tempio massonico oppure per seguire i principi dettati dalla Massoneria, ma per la consapevolezza che una giusta speculazione interpretativa si può ottenere a modellare l'interiore scopo spirituale che può rendere valida anche la partecipazione nel Tempio reale e della profana civiltà.

Intenzionalmente qualcuno sostiene che gli strumenti trasmessi dalla Tradizione contengono messaggi d'antica saggezza tramandati fino ai nostri giorni. L'intento non è quello di pretendere tanto, ma certamente è interessante il fatto che possa esserci la possibilità di una conoscenza più profonda e l'acquisizione di una tecnica utile per analizzare i simboli presenti nel Tempio, per riuscire a scoprire e acquisire tecniche di lavoro intellettuale per l'interpretazione del simbolo, non come rivelazioni o ricerche scientifiche, ma esclusivamente di elucubrazioni intellettuali dello stato di essere dell'uomo.

Il Grande Architetto dell'Universo, l'Essere Supremo ha dotato l'uomo di un'anima spirituale e conseguentemente della facoltà a modificare il fluido trasmesso mediante l'azione esoterica, la sensazione psicologica nel riuscire in una chiara lettura fino a entrare al simbolo stesso. I simboli presenti formano figure non sempre identiche, così come non sempre si può elaborare un'analisi comune e uguale pur usando le stesse tecniche; ciononostante il mosaico del bianco e nero, la pietra grezza e cubica, le colonne, il compasso, il triangolo, la livella, ecc... sono la spiegazione sommaria e sintetica che può essere appresa unicamente nel Tempio, aiutati dal fluido magnetico trasmesso da tutti i fratelli presenti. Non si può innalzare pietra su pietra, un edificio composto di spiriti vuoti, inerti o sterili, necessita conoscere per forza la differenza d'interpretazione esistente fra il simbolo e il dogma. E' risaputo che il dogma non è altro che lo strumento di una disciplina intellettuale rigida e assoluta, come la intendono le chiese, le sette, le dittature, mentre Il simbolo favorisce l'indipendenza intellettuale per svelare i misteri nel significato esoterico, inteso come raggiungimento di una purezza di pensiero, della libertà individuale e intellettiva, per sottrarsi dalla schiavitù delle parole e delle formule statiche della socie- tà profana: il mezzo adottato per raggiungere la solitudine individuale.

Con molta probabilità, la scelta fatta all'epoca con la ceri- monia dell'iniziazione, sarà stata la determinazione di frenare l'irrompere di forze capaci a far deviare dalla Tradizione espressa dalla ritualità e dalla ricerca esoterica, tanto da impegnare ogni Massone a raccogliere anche le schegge della lavorazione della Pietra, per estrapolare e annotare dal crogiolo del Tempio laico anche innovatori fatti, se questi sono espressioni della nostra tradizione.

Questa pietra inoltre è disprezzata e gettata tra i rifiuti perché, per così dire, simbolicamente non si è ancora passati dalla squadra al compasso. Altre speculazioni possono sorgere dal fatto che la forma quadrata corrisponde alla terra e quella circolare al cielo e che nel nostro simbolico edificio avremo quattro pietre d'angolo squadrate a fondamento e una pietra circolare o semi circolare che saranno la chiave della cupola o della volta. La figura geometrica ottenuta sarà quella della piramide, nella quale i quattro spigoli laterali procedono verso il vertice e vice~versa, emanano da esso. Chi come i Massoni addestrati alle correlazioni architettoniche con quelle alchimistiche, vi vedrà immediatamente la corrispondenza tra i quattro elementi e la quintessenza, da cui in architettura, il compimento dell'opera è la pietra angolare mentre in alchimia è la pietra filosofale.

Sarebbe una continuità del lavoro di perfezionamento sulla Pietra grezza per non impoverire il pensiero, l'interesse simbolico e la continuità della forza spirituale di consolidamento delle colonne del Tempio. L'espressione simbolica della pietra d'angolo ha comunque un duplice significato: è la pietra posta a fondamento di una costruzione, che unisce e rende stabili due muri nel loro punto d'incontro, ma è anche la pietra angolare che non sta nelle fondamenta, ma, al contrario, sulla sommità dove completa l'edificio e al contempo lo tiene unito. È, analogicamente, l'alfa e l'omega, il principio e la fine, la pietra grezza e la pietra sgrossata, l'apprendista e la pietra cubica, l'Uomo che aspira a trasformarsi ritualmente in Tempio, proiezione su scala microcosmica dell'Universale Tempio.

Può sembrare un tempo immobile, senza immediati risultati tangibili, ma è questa la fase che racchiude il senso della vita; un lungo e lento tragitto porta a scoprire il valore della bellezza, leggere, con sentimenti diversi, gli eventi, sia tragici sia felici, che aprono al piacere della conoscenza. Il massimo impegno di lavoro del Maestro è questionare con chiarezza e comprendere bene l'importanza di trasmettere agli altri l'applicazione democratica volta a garantire i diritti della libertà e partecipare nel processo di miglioramento sociale oltre a quello, più impegnativo, della sua ricerca interiore, portatrice di saggezza e di sapienza.

Ciò non toglie il disappunto oltre che il dispiacere prodotto dall'insolita tentazione d'invalidare norme del diritto, non confacenti ai principii della Massoneria. Siffatte note stonate sono un atteggiamento superbo, tanto da essere sprezzanti nel diverso rapporto di fratellanza, di libertà e di tolleranza, principi fissati nel percorso della secolare Istituzione esoterica e proclamata da secoli dalla Massoneria e fermamente indicati dalle capacità espressive emanate dalle pietre miliare. Non può sussistere una metodica diversa, un insolito percorso, nel superare il difetto di comunicazione e non rimuovere la chiarezza del personale pensiero. Ciò anche se a volte, si ha l'impressione che la tecnica del vivere, volta a voler costruire qualcosa di nuovo e di più perfetto, dal pensare più liberi da tabù o condizionamenti sociali, siano esclusivamente accadimenti di un'incontestabile identificazione di momenti sfavorevoli. E' chiaro che non esistono formule risolutive se non sussistono volontà ed onestà intellettuale nell'affrontare l'eventuale processo involutivo o nel metter in dubbio il principio intangibile della libertà e democrazia, nell'opportunità a esprimere un'autodeterminata e armonica intesa, unicamente tesa a perfezionare l'Arte della geometria. Con una più perfetta costruzione del Tempio interiore, per acquisire la certezza che dall'unione della perpendicolare con la livella, nasce la squadra che proietta al massone la consapevolezza della tolleranza attiva, utile a liberare da qualsiasi vincolo la coscienza e il pensiero. Tolleranza attiva vuol dire non creare divisioni di pensiero, ma rispettare il diverso sociale, religioso, politico; assenza di odio o di disprezzo, anche verso chi si allontana o non conosce il giusto. Si devono tollerare persone diverse per il nostro pensiero o per il colore della pelle, per il diverso ceto sociale o per il peso economico o chi è portatore di frustrazioni della profanità. I simboli della Tradizione massonica hanno sempre insegnato un'uguaglianza rispettosa del proprio pensiero e di quello altrui, sono proiettori di un sistema di educazione e formazione nella società profana con la costruzione del proprio tempio interiore, illuminano il tortuoso percorso del massone per trovare la pietra nascosta, in un passaggio angusto tra il bianco e il nero, lavorando nel dosare con equilibrio le due forze opposte.

Si nota la gravità di vedere l'orrore sociale, ambientale ed economico, ma si è convinti di non poter far nulla per correggere e partecipare alla loro risoluzione o almeno a impegnarsi affinché non siano distrutti valori tramandati dalla secolare tecnica di vita. È pur vero che non esistono formule magiche, ma almeno la volontà e l'onestà intellettuale per evitare l'aggravarsi del progetto involutivo della società profana, che inevitabilmente non perde occasione per mettere nel dubbio finanche lo spirito di libertà e democrazia.

Così come non si spiega il motivo per il quale si cerca continuamente di distruggere valori quali l'amicizia, l'amore tra gli esseri umani e l'ambiente, e non rispettare i bisogni delle donne, dei bambini. Sono artefici delle ansie che spingono il Massone a un'azione cosciente di ricerca introspettiva affinché possa, più avanti, scoprire il metodo per spiegarsi e spiegare, per annullare il distacco dagli accidenti profani, e per acquisire la serenità di giudizio della propria coscienza.

È di grande interesse per il massone riscoprire, nel suo particolare percorso, l'affetto e l'umiltà comportamentale verso gli altri, verso il prossimo che non sia obbligatoriamente un consociato ma considerare confratello anche il prossimo, esprimendo consapevolezza di chiare e valide assonanze sociali e culturali, nei riguardi di un giudizio umano e di etica dei valori sia sociali sia spirituali.

Se per il profano contano le parole per comunicare con gli altri, il simbolismo dei segni è il modo di comunicare degli iniziati, i quali rifuggono da qualsiasi argomentazione speciosa, non hanno nessun interesse recondito per convincere alcuno. Infatti, l'individualità del simbolo è esclusivamente un procedimento, lo strumento per aiutare a trovare se stessi, conquistare quella solitudine, la sola utile a raggiungere il proprio microcosmo: partire dal nulla per godere la gioia di essere!

Sono sì, sistemi non convenzionali ma usati con una tecnica di lettura intrigante e affascinante, in qualsiasi linguaggio e in qualsiasi territorio terrestre, che danno la possibilità di avvalersi d'utensili che avvicinano, con la massima sintesi d'indagine introspettiva, alla conoscenza dell'opportuna verità.

Con il trascorrere del tempo, l'uso dell'utensile si muta e si codifica in un sistema personale per avere un aiuto, un mezzo, per la ricerca dell'altrove e chiarire il mistero dell'intimità, per identificare il punto centrale utile alla ricerca religiosa e spirituale, correlato alla speculazione armonizzante rivolta unicamente alla direzione di un fine comune dell'assoluto.

È la manifestazione di non condizionamento del pensiero e il Massone usa il simbolo, lo considera una delle meraviglie nell'interpretazione, perché non esprime dogma, e nelle sue varie sfaccettature interpretative trova, scopre, un messaggio con una doppia identità umana: quella ordinaria, visibile e materiale e l'entità spirituale invisibile e introspettiva.

Una cosa è certa: al simbolo si danno collegamenti a sensazioni soggettivi e personali, che creano stato d'essere ed il vivere. E' un sistema di congiungimenti, che accentuano sacralità, la religiosità, il non quotidiano e il temporale, che, a volte, confluendo in un più preciso sistema d'intenti possono tradursi in pericolosi indicatori che rasentano la superstizione. Questo è il procedimento con cui è generalmente concepito e usato dall'uomo il simbolo; nel Massone, invece, esso è messo in atto come punto segreto, che elabora significati esoterici di nascoste energie intellettive, tanto da poter cambiare l'umano pensiero nell'interpretazione del centro umano, dell'Io nascosto. Dal punto segreto si sprigiona la forza silenziosa, modellatrice del pensiero e sollecitatrice del meccanismo della passione, che aiuta il percorso ideologico e sentimentale verso il centro umano, l'Io dell'inconscio. La tecnica d'interpretazione del simbolismo acquisita dal Massone, per scoprirne la chiave di volta per leggere i multiformi messaggi trasmessi dal sociale e dall'esperienza quotidiana, è necessaria oltre che utile.

A volte i simboli sono considerati irrazionali e misteriosi, incomprensibili e senza una chiara decifrabilità, tuttavia, in ogni caso, sollecita un'affinità intellettuale per decifrare il mistero delle intime reazioni sentimentali, spesso trovando anche soddisfacenti risposte.

Riesce difficile se non impossibile spiegare la segreta e misteriosa sapienza che si conquista con l'operosa creazione del proprio microcosmo e il contributo che si ricava dall'interiore dialogo con l'anima, a volte modificando anche la propria sensibilità, il proprio intelletto, consente di poter analizzare, in modo più duttile ed elastico, gli avvenimenti esteriori che con continuità assillano l'uomo e così lo trasformano in un pensante e non in un libertino sociale o religioso. Sarà forse questo il motivo della diversità del Massone, non farsi coinvolgere dalla massa, l'avere la possibilità di collocarsi su dimensioni diverse, di usare i simboli nella spiegazione del bene e del male, cercando di dare forma a un'estetica massonica nella produzione delle varie configurazioni inconsce, per scoprire la propria interiorità.

L'estetica massonica è la complicità tra il reale e il virtuale, tra il mondo profano e quello massonico; è l'emancipazione del bello, è il dare le giuste proporzioni al concetto d'individualità anche del mondo profano, è l'indagine dell'Arte, l'identificazione della forma e dell'Idea, è la percezione dell'insieme di conoscenze che esprimono la positività, la libertà del pensiero. E' la produzione di configurazioni che mettono ordine al caos interiore.

Potrebbe essere la teoria della conoscenza sensibile, che come tutte le percezioni è astratto e impalpabile, ma non per questo privo di una logica e quindi indagabili. Sono metodi di ricerca interiore, utili a raggiungere una palese conoscenza delle cose, l'acquisizione della verità.

Si crea una situazione, un bisogno, una necessità di confronti con modelli di perfetta conformazione tra idea ed espressione, tra autonomia e arbitrio, tra libertà e assoggettazione, tra costruzione cosciente ed equilibrata e l'irritazione alla produzione a metodi negativi della libertà del proprio pensiero. L'unica cosa che si può dimostrare è l'Arte del Massone nel manipolare le linee e le forme dei simboli e degli utensili presenti nella circoscritta area qual è il Tempio. Tramite l'uso e la manipolazione degli strumenti e dei simboli, architetta progetti d'identificazione virtuale per riuscire ad esplorare il profondo e misterioso microcosmo che chiama anima, tanto da essere considerato un artista, perché tiene all'Estetica dell'Arte, e come l'Artista, il Massone rispetta scrupolosamente l'Estetica in un armonico pensiero idealistico, in un rapporto tra soggetto e oggetto. E' la manipolazione del linguaggio e delle forme, che nella Psicoanalisi e l'Antropologia si basano sull'analisi delle produzioni di un artista, per individuare metafore, associazioni, simboli, al fine di ricostruire il privato, il mito personale, la configurazione dell'inconscio. Delle varie figure, oggetti, disegni, pitture, che sono prodotti esteriori del profano, il Massone, con gli stessi simboli o oggetti, creano composizioni, collezioni d'Arte dentro di se in una particolare cognizione della bellezza, perché i prodotti usati sono affini al linguaggio, alla produzione e all'uso del simbolo, dell'attrezzo.

Adoperandosi nell'uso di questi utensili o strumenti e con una corretta trasmissione, specula nel proprio profondo, e, con la complicità di un linguaggio valido sollecita la propria sensibilità interiore per esplorare e migliorare il proprio inconscio facendo sorgere, al di fuori dell'involucro interiore, quella che chiamerà l'Estetica idealistica, oppure il misterioso segreto massonico.

Nell'esplorazione del nascosto, alla scoperta della propria intimità, in un percorso di pensieri e d'idee che si rivelano alla luce, che liberano dal pregiudizio, dall'irrazionalità. Si riescono a decifrare le vibrazioni che suscitano i vari segni presenti nel Tempio massonico, tra perché e silenzi, che a volte invadono con un senso d'impotenza e d'angoscia, là dove la paura può avere il sopravvento sulla logica del pensiero più realistico, ma il processo di ricerca interiore è l'essenza umana, la liberazione dell'angoscia dell'anima. Decifrare il simbolo non è certo facile neanche per il Massone; egli riconosce le difficoltà a transitare da una posizione d'ignoranza (quindi uscire dal limbo in cui parcheggia il proprio pensiero), in un processo formativo, dal caotico mondo profano alla Pietra cubica che rappresenta il regno dalla giustizia, d'amore e di conoscenza. L'oscuro percorso di trasformazione, che principia con l'Iniziazione, si presenterà più semplice, meno difficoltoso, perché la fusione dei sentimenti, la divisione e la separazione da un mondo caratterizzato dalle tenebre e dai forti rumori dei metalli profani, saranno la scoperta della conoscenza nell'apprendimento delle Idee e dell'Anima; sarà l'esaltazione dell'intelligenza, il percorso verso la Luce. L'utilità del simbolo è il procedimento per riuscire a superare ciò che è nascosto, sulla strada inizialmente oscura e notturna, come il buio della colonna del Settentrione, un oscuramento pieno d'inquietudini che sollecita l'illuminazione di speranze, che sfrutta l'esperienza del vuoto per manifestare con chiarezza il concetto di giustizia postulando sulla certezza e l'uso della ragione e della sopraffazione psicologica.

Tutto ciò causa nell'individuo uno stato di preconscio, che la psicoanalisi descrive come l'insieme dei contenuti presenti nell'energia mentale e che sfuggono all'attività cosciente.

I contenuti preconsci, che a differenza dell'inconscio, sono richiamabili alla coscienza e interagiscono liberamente a volte accogliendo l'informazione, la comunicazione sociale o amichevole in modo negativo, si trasformano in vere e proprie fisime, costruendo identità non proprie attinenti alla reale esistenza.

Da un attento esame si possono intravedere, nel preconscio, quelle paure di conseguenze non anticipate, del farsi cogliere di sorpresa e creare fortune o sfortune, al passaggio reale in un mondo che a volte è considerato ostile o nemico. Può darsi che queste incomprensioni, l'assenza di solidarietà sia sociale sia individuale o le discriminazioni economiche, siano state artefici del far nascere il perfido e ingannevole pregiudizio.

Senza dubbio il pregiudizio, oltre a provenire da manchevole cultura o da economie insufficienti con problemi razziali, è tramandato anche dalle religioni, e, contrariamente al raziocinio, è rimodellato e costruito in una confusione di preconcetti e tramandato ai posteri come fatto da non amare. Forse proprio quest'influenza, più di tutti gli altri fenomeni, ha condizionato la civiltà dei popoli, e sin dai tempi dell'evoluzione umana ha generato guerre, discriminato razze, e spesso ha tolto libertà e governato con abusi e arbitri in nome e a difesa di una legge superiore. Di certo non sarà solo il motivo religioso o nel nome delle varie religioni il predominare dei danni causati nel passato e nel presente dalla società.

Il tutto è ricordato esclusivamente come fatto accaduto come avvenimento o accidente storico, e servono a far notare che esiste una costante storica di reazioni conservatrici, causati da pregiudizi, che frenano o hanno bloccato progressi sociali, religiosi e anche economici, e conseguentemente hanno originato problemi di convivenza e d'intolleranza sociale, imprigionando l'Essere terrestre, l'uomo e i suoi simili, in mediocri pregiudizi creati per causare guerre e discriminazioni sociali. A volte, coinvolti in un ingranaggio tramandato anche da tempi lontani, si è fatto accettare un determinato pregiudizio, senza neanche domandarsi il motivo o il perché esso si è generato, ma adeguandosi passivamente, rifiutando anche responsabilità etiche, senza approfondire l'interdipendenza e interconnessione createsi formulando un determinato pregiudizio. Frequentemente, per disinformazione o perché contagiati e coinvolti in convincimenti errati, penetrano nella mente pregiudizi che originano atteggiamenti d'intolleranza, che non solo creano errori esclusivamente d'opinioni e relative conseguenze negative nei rapporti sociali e personali, ma delle vere e proprie manifestazioni di discriminazione a danni del prossimo.

A volte, anche se involontariamente, si è impotenti di fronte alla dicotomia, quasi naturale, delle due personalità esistenti dentro ogni essere umano: quella volta al servizio del bene e l'altra schiava e complice del male, il bianco e nero dell'anima umana.

Spesso ci sono cose, pensieri in parte profondi, che non si riescono a far uscire dal proprio intimo, dal profondo inesplorato dell'anima. Non si riesce a far venire fuori, in modo chiaro, dal proprio animo, dall'involontaria oscurità, una sintesi esteriore di quel determinato pensiero che si ha dentro! Si trova difficoltà di non riuscire a definirlo con chiarezza, libero da equivoci e nel non poter trovare appropriate parole per spiegare fin nella radice il proprio pensiero. Il non riuscire a dire quello che si vorrebbe, insomma, spesso crea una fatica immensa; si gira intorno al concetto, si tenta di trovare le giuste parole e alla fine, non c'è cosa più deprimente e più desolante, del non aver avuto la possibilità di portare a termine il giusto pensiero. Il non riuscire a illustrare il progetto ideato con tanta cura nel profondo della propria esperienza intima e oscura: è forse questo il segreto pensiero massonico? Nel Caos del mondo profano, dove spesso la supremazia della mediocrità intellettuale e morale, sono rivolte esclusivamente al raggiungimento di una ricchezza economica, anche se poi ciò può essere conseguenza di una probabile sofferenza, di una limitazione di libertà artefice d'inquietudini, in un deprimente dominio dell'esistenza di forze oscure, o di altre chiare e ben definite, diventa necessario ed opportuno il liberarsi dal velo che oscura il processo formativo dell'Ordine delle cose.

Non è certamente facile far comprendere ad altri che la diversità intellettuale e culturale massonica non è una presenza particolare nel comunicare sensazioni o da considerare detestabile circa la sua conoscenza e per l'alto compito cui è destinata. La spiegazione sta nell'intensa e continua ricerca dell'interiore, che innalza dalla mediocrità di una società informale e piena di falsi moralismi, con la partecipazione a un sogno realizzabile o meno, a un tentativo di seduzione al cambiamento, alla trasformazione di una società. L'uomo pensante, anche se fallisce l'alto scopo prefissato di riuscire nel viaggio verso il microcosmo, lo stesso indica che si è salvati comunque e quel poco che rimane lo rende più umano ancora. L'esigenza di spiegare in modo sensato lo strato oscurantista del progetto idealizzato, consiste nell'esigenza di attuare una disciplina di ricerca che implica procedimenti intellettuali e culturali volti a soddisfare, di conseguenza, l'animo nascosto dell'uomo.

Per attuare tutto ciò si ha bisogno di una competenza specifica, una volontà di ricerca non agevolmente a portata di tutti gli uomini. Il possedere la tendenza ad affinare il Giudizio e l'Amore, ad essere in grado di raggiungere un'estatica modellazione del sentimento, è motivo che pone il Massone nel privilegio di usufruire di un possibile vantaggio nel riuscire ad apprendere il segreto con il simbolico aiuto dell'estetica idealistica, che metabolizza bene i concetti nel rispetto di una morale, di una coscienza libera. Presumibilmente sono questi sentimenti che nel proprio inconscio si possono trasformare in chiara libertà del pensiero, aspirando anche se con difficoltà nell'esternarlo fuori del proprio microcosmo, nel manifestarlo comunicando con gli altri.

Sono valutazioni che richiedono pazienza e attenzione, tenendo ben in conto le difficoltà che si provano nel voler trasmettere un determinato pensiero, specie se completamente nuovo. Può anche essere affascinante scoprire il proprio nascosto concetto, il desiderio d'esprimerlo, porlo in discussione accettando di esaminarne il contenuto con spirito critico e con un'analisi degna e interessante. La mancanza di fiducia nei confronti degli altri, la paura che possa manifestarsi derisione o mortificazione da giudizi frettolosi che la parte esterna volte anche di fratelli, fanno emergere incertezze tali da suscitare una reazione, una sensazione intimamente nascosta, che involontariamente fa diventare insofferenti e intolleranti.

Interni di un Tempio massonico a New York U.S.A.

3

La tolleranza massonica, coscienza esoterica e iniziatica.

Nell'osservare con attenzione i cambiamenti che avvengono giornalmente nella società e influenzati dalle continue informazioni o scoperte scientifiche, si mettono in vista macchie geografiche, sempre più vaste, interessate seri problemi sociali di bambini che muoiono letteralmente di fame o di persone bisognose e di partigiano malessere e rancore sociale. È necessario avere interesse a conoscere i problemi con tutte le varie sfaccettature con spiegazione logiche e razionali, non facendosi trovare impreparati nel caso di una progettazione favorevole per eliminare l'inconveniente angoscia derivante da ciò che non si conosce.
Essendo il fenomeno d'interesse sociale è degno d'attenzione per il principio professato di operare per il bene dell'umanità. È noto che l'impegno a migliorare, a manifestare la democrazia e la libertà, sono principi che si affrontano con interpretazioni intellettuali diverse, tenendo conto anche della propria posizione politica, ed economica, in ogni caso è un argomento, un'azione, anche stravolgendo completamente un sistema sociale.
Tant'è che il Massone, pur non essendo un economista, un filosofo, un politologo, un sociologo, è comunque, intellettualmente sensibile a conoscere e curiosare, almeno nelle linee generali e accessibili, le argomentazioni che presentano giornalmente sia finanziari sia socio-spirituali.

Altresì, una cosa è parlarne a fini speculativi e un'altra è descrivere in pieno, senza forzature e artifici dell'influenza politica esterna, della situazione storica per evitare le paure sociali.

Sono motivi imperanti a far valere il principio massonico a concorrere o almeno a far conoscere, prima ai propri adepti e poi a più strati possibili della società, gli accaduti e oltre a denunciarli, contemporaneamente essere disponibili a elaborarli affinché non accadano o meglio si trovi una soluzione adeguata, per evitare gravi danni sociali ed economici.

È pur vero che il problema non è di facile soluzione, però, bisogna pur dare garanzia alla nostra natura esistenziale operando in modo che l'angoscia non condizioni la libertà nel totale interesse degli uomini, che non si sfrutti la produzione dei popoli o assoggettati a modelli di vita differenti da quelle indigene, anche se a volte, nel passato, si imprimeva un'evoluzione di civiltà, con orientamenti di una diffusa devianza alla normalità, di sbriciolare la legalità, di superare i confini della tolleranza e di azioni morali non rispettosi della libertà di pensiero, di sbarrare gli spazi etici di una morale esistenziale. Sono state e sono visibili ancora oggi, devianze fuori dalla normalità sociale, che nulla hanno a che vedere con la globalizzazione della modernità e con una società dei consumi non può e non deve essere barattata in equivoci comportamenti antilibertari o nell'infallibilità umana, oppure creare arroganti e irrispettose oligarchie d'imprese, non disposti di certo a creare condizioni di vita vivibile e serena. Il loro obiettivo principe è l'esclusivo e massimo profitto di guadagno, e non interessa se si sfruttano minorenni, donne, o si attribuiscono paghe con minimi salariali inferiori anche a quelli correnti in quel territorio, con multinazionali che non hanno interesse a creare un'economia di benessere con obiettivi di crescita economica e sociale di uno Stato. I loro pensatori globali, evitano pretese d'applicazione di sistemi politici fiscali e monetari di uno Stato, per combattere inflazione o investire in servizi utili per un popolo. Così come non hanno interesse a creare posti di lavoro con salari adeguati, né una distribuzione del reddito più adeguato nelle varie fasce sociali. Non si preoccupano o si sensibilizzano sui possibili danni inquinanti del territorio, anzi quando uno Stato applica o vuole adottare tassazioni o restrizioni, per la sua difesa, non fanno altro che esportare i propri capitali in Stati più accomodanti.

Questi sono argomenti che interessano la tolleranza di un popolo oltre che del singolo, e da millenni, la problematica della tolleranza è stata caratterizzata da una duplicità e contraddittorietà del pensiero umano, perché c'è stato sempre qualcuno che ha tentato di imporre un proprio modo di agire e di manifestare un potere ideologico personale. Tutto ciò è lesivo della libertà, di contro c'è sempre stato qualcun altro che ha lottato per il riconoscimento della legittimità di costumi e dei differenti credi.

Già nell'antica Grecia si manifestavano correnti di pensiero sull'identificazione dello spirito critico e sulla distinzione tra società erudita e quella barbara, volta al rispetto delle diverse culture e credenze religiose. Questo tema specificatamente umano era già trattato da Protagora[1], con l'esaltazione del progresso e della democrazia. Ciò che sembra giusto e morale per un popolo, si manifestasse ingiusto e immorale per un altro, da cui la varietà di leggi e costumi, che non danno possibilità di stabilire un criterio univocamente valido per tutti gli uomini.

In ogni Massone esiste un'interiorità che fa esercitare la maestria nella conoscenza del proprio esistere, che fa superare la distinzione fra soggetto e oggetto, senza confuse mistificazioni intolleranti, in un frainteso principio di libertà, ma irradiando la virtù propria a favore di una libera operosità alla costruzione umana e spirituale, con tolleranza e razionalità.

Si sviluppano delle concretezze d'intenti, reso possibile dall'innovativa comunicazione che dimostra come una ricerca esoterica può tracciare il segno culturale di un'intera associazione, così come quella massonica, che annovera pluralità d'idee, religioni e ceti sociali, senza creare fastidiosi e inconciliabili conflitti ideologici. E' una qualità necessaria che, fra l'altro, non fa emergere un effettivo divario tra realtà e sogno teorico tracciato nel percorso massonico. Non esiste una visionaria e disinteressata partecipazione agli eventi esterni del mondo profano, anche se continuamente monitorati con analisi veritiere e con profondo significato dell'attualità sociale e individuale.

L'esperienza singola e collettiva è studiata con un sistema creativo di letture interiori, che servono a capire l'esatto valore dei dettagli in un'attenzione accurata, tesa a creare un'i-

---

[1]-filosofo sofista e autore della "Verità".

dentità culturale, che può tradursi in pensieri utili e praticabili anche nella realtà profana.

Non è facile adattarsi a praticare e diffondere questa forma di tolleranza, come non è semplice far in modo che questa non sia praticata da una sola parte; quando si parla di regole di comportamento o di preclusione ad un possibile dialogo, di libero confronto delle idee; così come non sempre si riesce a stimolare la volontà, il meccanismo psicologico per aprirsi ad una razionale partecipazione, a un'interpretazione riflessiva circa le infinite bugie e diffidenze usate per un'affermazione individuale.

Si rende difficile evitare con raziocinio le violenze psicologiche, nelle sovrapposizioni nocive create con particolare intenzione, quando si esprimono critiche di comportamento o non si accettano confronti delle proprie idee o si considerano diverse quelle esposte da altri. Alla rinuncia, a volte anche imposta di una critica interpretativa, si adotta lo stile massonico che in confronto a quello profano e reale, con tolleranza simbolica adopera sistemi di comportamento che aiutano a vedere oltre, rispecchiando la situazione in una compensazione virtuale d'azione, senza infrangere la sensibilità altrui.

Uno stile di comportamento che tra l'altro, riesce a rendere utile a capire l'importanza della Tolleranza, l'esigenza di possedere un'armonia nell'esercizio del proprio pensiero, del credo religioso e della scelta politica individuale: Principi rilevanti in Massoneria e sanciti nelle sue costituzioni.

Tolleranza è confronto d'idee, rispetto del credo altrui, della libertà ad agire o a pensare, senza ledere nessuno. Può capitare che non sempre si dispone della facoltà trovarsi sintonia con il desiderio e per questo motivo, per non urtare la sensibilità altrui, per evitare di essere considerato un nemico, si esercita la Tolleranza, che può considerarsi uno dei principi attivi e basilari della Massoneria. Succede, che anche nella stessa Istituzione possa considerarsi diverso il fratello massone che vive in un'agitazione intellettuale, che non si abbandona alla rassegnazione, all'essere guidato, che non si adegua alle non ortodosse regole, confuse ed equivoche, dell'interpretazione della tolleranza e fratellanza. È vero che fratellanza è anche uguaglianza nella diversità, altrimenti sarebbe gemellanza, ed è propria in questa diversità l'eccezionalità massonica: lo sforzo d'essere differente del mondo profano, il riuscire a vedere gli accaduti, gli accidenti, su dimensioni diverse e in un confronto continuo con gli altri e con se stesso, contribuendo il più possibile, a collocare la propria Pietra levigata nella società in cui si vive.

L'umanità ha sempre avuto dei diversi siano essi iniziati e non come: Mosè, Gesù, Lutero, G. Bruno, Galilei, ecc... anche se in diversi momenti storici e con metodi dissimili nell'impostazione ideologica e interpretativa della religiosità. Sicuramente il Massone non ritiene di essere all'altezza di questi o di riuscire a realizzare un cammino identico, ma in ogni modo può essergli riferimento utile il procedimento nel propagandare e applicare le loro idee, tenendo il più possibile presente ciò che hanno tramandato, la loro tecnica a percepire oltre e profondamente il futuro. Nello spirito esoterico di quegli insegnamenti si può arrivare nel proprio microcosmo e riuscire a leggere e dare luce all'oscura caverna Platonica, in modo che non ci sia l'appiattimento d'idee o lo sfruttamento per fini reconditi di potere. Riuscire a riflettere sui sentimenti che sono sollecitati dalla costante e continua ricerca, nel lento processo di recupero intellettuale e culturale, e trovare le risposte adatte per comunicare con gli altri e con se stessi, non sono aspetti per niente facili. Sono sentimenti che individuano quei rumori metallici, originati dalle ipocrisie del mondo profano, rumori purtroppo difficoltosi da evitare, che creano seri problemi esistenziali e fatica nel trovare chiare risposte, per dare un significato ai simboli trasmessi giornalmente agli uomini; rende difficile la creazione di un sistema interpretativo che dia identità alle immaginazioni, anche a quelle alimentate dalle paure e dall'incertezza circa il crearsi uno spazio pubblico nel quale vivere con fiducia e sicurezza, sia fisica sia sociale. Così come diventa pure difficile trasmettere messaggi di libertà in una società consumistica governata da ritmi frenetici, che coinvolgono sempre di più in problemi di sopravvivenza, sia economica sia fisica! Nel caso specifico, essendo il massone, un Iniziato, ha l'obbligo di far rispettare la sua individualità diversa, perché l'abituale sociale si rivela nella diversità di percorso nella ricerca, così com'è diversa la cultura ideale da quella reale, per ciò che è massonico e che confluisce nell'atteggiamento di chi acquisisce un libertario confronto d'idee, pur se diverse, ma illuminanti per la conoscenza del proprio essere. Nella sua simbolica elevazione a Maestro seppellisce se stesso affinché poi possa rinascere e iniziare la vera e impegnativa costruzione del suo personale Tempio: mattoni su mattoni, perché diventi sostanza di vita, rinuncia alla vanità, ispirazione di fraterna umiltà e d'uguaglianza morale e materiale, nel rispetto della dignità altrui.

Nel reale, pur di arrivare a ottenere un qualche beneficio, si calpestano senza pietà principi morali e umani; nell'idea massonica si esalta, invece, la moralità, l'etica, la libertà e l'individuale tolleranza, sempre in un confronto di fratellanza e d'amore verso del prossimo.

Così l'attuazione della tolleranza massonica non presenta nessuna analogia con altre culture o discipline, perché il comportamento è diverso da quella religioso, sociale e politico. La produzione massonica è applicata sempre nel rispetto degli altri, superando la distinzione fra soggetto e oggetto, non confondendo mistificazioni intolleranti in un frainteso principio di libertà, ma per la conoscenza del proprio esistere. Non è essa un commento ma un'applicazione di metodo e un'adozione di comportamento, specie nei confronti del pensiero del prossimo, pure se questo contrasta o influisce su un progetto ideologico, non è resa operativa o messa in atto in modo infatuato e senza una precisa interpretazione, ma è in essere come confronto d'idee nel rispetto del credo di altri o dell'agire e pensare diversamente, anche come libera espressione di confessioni o di ideologie filosofiche - politiche.

Ogni essere deve saper controllare gli umori, i pensieri e le proprie azioni sia nei riguardi di se stesso sia nei confronti del prossimo. Non è necessario possedere ricchezze materiali per elevare la propria dignità, come non è rilevante possedere la qualità di ubbidire alla legge naturale, divina e terrena, senza essere critici nei confronti del formalismo sociale e ipocrita, che ogni giorno s'incontra nei contatti con gli altri esseri umani, che se non obbliga alla partecipazione di un'idea, ciò nonostante s'ispira al rispetto e alla considerazione della libertà e non reputarsi come unici depositari della verità. Quella verità che è accessibile esclusivamente con l'interiore ricerca, l'unica e particolare via per riuscire a vedere le cose non come appaiano, ma scoprendo l'essenza delle cose usando il pensiero non come riedificazione delle conoscenze, bensì come metodo nella ricomposizione dei sintomi della coscienza stessa. I fenomeni della conoscenza, che producono concetti e sensazioni nella formazione di uno spirito influenzabile nell'ideologia e non propagatore di un'intenzione che può essere paragonabile solo alla ragione o solo ai sensi oppure che possa essere una contraddizione della ragione. E' da porre l'accento che cerchiamo di esprimere la conoscenza tramite il linguaggio, la parola, spesso per far valere maggiormente quello che desideriamo che sia percepito intensamente, per rintracciare modulazioni più valide affinché ci sia più carica persuasiva, forse anche teorizzante l'aspetto dominante del pensiero in una coercizione persuasiva a far accettare un personale credo. Tutto ciò è, però, un intollerante atteggiamento non certo consono al comportamento, al pensiero di un essere e, particolarmente di una Massone.

La Morale certamente non è un'interpretazione fondata sul principio di far del bene e di sfuggire ciò che è male o conforme all'onestà e al buon costume, ma è l'applicazione della norma di vita di un comportamento che per prima cosa rispetta il prossimo, è il rapporto tra conoscenza interiore e il modo di agire nei riguardi dei valori esterni, in ogni caso da non ritenere come azioni contraddittori e svalutabili nei riguardi di chi a un modo diverso di intendere la moralità, se questa non è ostacolo alla libertà ideologica, sociale ed economica, ma è diretta ad affrontare un percorso esistenziale diverso dalla imposizione educativa formalista di una qualsiasi società.

Per essere più chiari nell'esposizione di questo concetto, è naturale che anche al di fuori della comprensione esoterica della morale come interiore ricerca, in ogni uomo, siano presenti sia il bene sia il male, che nel percorso diverso da quello massonico nei confronti dell'abuso all'ambiguità e all'inganno con se stesso oltre che nei confronti degli altri. La diversità del massone è individuabile con lo studio a superare gli ostacoli tecnici e formali, con un modo di essere, di pensare, di agire che non disturba l'uno e l'altro. Lo stesso, nell'applicazione dei principi massonici come una terapia da praticare al raggiungimento dell'equilibrio morale come meta agognata dal massone. La morale massonica, che non si allontana molto dalla diversa autonomia da quella professata dal profano, la differenza è esclusivamente quella dell'ambientazione e del discernimento che avviene nello studio, nella ricerca a conquistarsi quel coraggio morale di lavorare senza inibizioni nell'elucubrazione del pensiero, dell'interiore e sconosciuto mistero della propria anima, dell'ignoto spazio del proprio cervello. La differenza che percorre tra il profano e il massone consiste proprio nell'onore, nella probità e lealtà nei confronti delle confessioni religiose e delle denominazioni della politica.

Sono immagini che guidano l'uomo attraverso il labirinto simbolico che guida la coscienza e si sa che il pensiero umano crea ciò che immagina: la spaventosa difformità reale della luce astrale che fa vedere in modo difforme la rappresentazione etica e morale di un mondo profano che vuole e vive, il momento presente, spesso simulatore e avvelenatore di rapporti umani sinceri. E' risaputo che L'arcano mistero, intraducibile e incomunicabile, è l'universale scienza del bene e del male, è l'associare la forza del pensiero maschile con la sensibilità, la delicatezza e la bellezza femminile.

Qui va ricordato che non essendo cosa facile rispondere o almeno dare una giusta interpretazione ai vari quesiti con le normali conoscenze, è utile l'applicazione di una teoria esoterica e simbolica che le varie religioni cercano di spiegarselo con la fede, e l'esclusiva prerogativa massonica è riuscire a collocare con il raziocinio intellettuale (acquisito con l'aiuto degli strumenti collocati nel Tempio massonico), nella giusta e specifica dimensione della conoscenza umana sulla materia e la spiritualità.

Il segnale sociale che si riceve nella moderna società, considerata profana dalla Massoneria, è l'evidente violenza a non volere adottare un dialogo o la comprensione, per la soluzione delle ostilità.

Non pare che ci sia niente di male se la Massoneria interviene come fanno le autorità religiose, che non mancano di far sentire la loro voce, tramite dibattiti nazionali e popolari, sulle scelte politiche, economiche e sociali. Spesso, anche con osservazioni sull'istruzione, sul lavoro, sull'informazione, e sulla formazione culturale dei giovani e nelle scelte sanitarie, nessun politico o economista o sociologo o industriale, sembra che si ribelli agli inviti rivolti dalla religione cattolica né questa si richiama a speculazioni ideologiche che possano condizionare o meglio variare l'esigenze morali di una nazione. Nel momento in cui si presentano seri problemi sociali il Massone o la Massoneria intera, dovrebbero partecipare a proporre ai conterranei il modo come devono concorrere alle decisioni politico-amministrative o denunciare le determinazioni sfavorevoli alla massa popolana, rivendicandone i bisogni sociali ed economici che garantiscano la compatibilità del mantenimento della democrazia. Far in modo che non si crei distanzianti divari sociali o peggio spaccature o dissapori che causano danni in una società civile e democratica, adottando razionalmente i simboli naturali per esaltare la solidarietà umana evitando gli isolamenti e le angosce, risostenendo la certezza dei valori sociali ed economici, anche nella globalizzazione di sviluppo e democrazia.

La Massoneria che per sua caratteristica è un'istituzione che rivendica libertà e uguaglianza tra gli uomini che esprime una solidarietà internazionale sempre presente a difendere i diritti degli uomini, di qualsiasi strato sociale o etnicamente diverso. Almeno nella sua ricerca ideologica non si può disconoscere che è un'Istituzione diretta all'uomo, nel rispetto delle idee, del bene comune e della rettitudine morale e intellettuale, con correlazione fra l'io e la società e per occupare interamente se stesso nella levigazione della propria pietra grezza, nell'eliminare impurità e di acquisire la facoltà d'individuo saggio e sereno pronto ad affrontare le asperità della vita.

La differenza del massone nella società, consta proprio nel metodo di investigazione nella costruzione del Tempio ideale, di intraprendere e leggere i messaggi interiori e in questo modo consegue la spiegazione dei conflitti e le incomprensioni umane. In ogni caso, con queste qualità acquisite, si propone alla modifica della società egoistica e materialista, se portata a termine esclusivamente ad avere, anche se si creano danni alla tutela della libertà individuale o alla solidarietà sociale e della cultura.

E' vero, non sempre cultura e saggezza coincidono nel linguaggio comune, e non è certo facile comprendere chi non vuole giustificare, chi non intende aprire gli occhi e percepire i segnali simbolici o meno. Si è certi di una cosa che le sollecitazioni trasmesse dalla Massoneria, anche se osteggiate, sono diventate interessi per i giovani, che sempre di più numerosi fanno domanda per essere ammessi a seguire la Tradizione. E' ipotizzabile che questi ne siano attratti perché convinti dalla garanzia prospettata dall'Istituzione in tema di libertà, dalla rottura di catene socio-politiche che imprigionano la società in cui vive? Non può essere che i giovani si avvicinino all'Istituzione, perché questa tiene sempre vivo l'elemento iniziale di ciò che può esser valido per un uomo può non esserlo valido per un altro? Non può essere che tutto questo accade perché si vuole affrontare con chiarezza e serenità, anche nei confronti di chi non intendendo levarsi la benda dagli occhi pur nella diversità ideologica, non può e non deve reagire irrazionalmente diventando arrogante oltre che maldestro nel sottoporre personali idee?

Può darsi che confrontarsi non voglia essere un'affermazione della propria opinione e delle proprie idee, se queste non sono intese come conflitto o lotta se si è in opposizione ad altra corrente di pensiero, ma semplicemente manifestazione di un modo diverso nel vedere gli accadimenti rispettando i valori e i dettati, che esprimono con serenità senza esserne colpiti per la differente ideologia.

Può accadere anche al Massone di trovarsi in uno stadio di confusione trascendentale anche nella disorientata semplicità della proiezione di un'immagine, che potrebbe non essere poi tanta diversa di quelle che s'incontrano giornalmente o che ci propone la società profana; non per questo la partecipazione nella scelta deve vivere momenti di tensione oppure non essere spiegata con tollerante serenità di giudizio. Così com'è necessario abbattere l'eventuale blocco limita l'espansione del pensiero esoterico in una mentalità primitiva che cinge o rende difficoltoso la spiegazione delle lacerazioni prodotte dal profondo del proprio intimo del suo Essere e non Essere. Com'è consapevole a non sprofondare la testa nella sabbia, perché egli è creatore d'idealità e non vuole sottrarsi alla vista in una tana per non eludere estreme domande, per tenere sotto controllo la spiritualità religiosa. Ai lavori che si svolgono nel Tempio massonico, partecipano uomini di varie religioni, d'idee politiche e socialmente di vari ceti e censi, eppure condividono gli stessi principi iniziatici. Si lavora sui dubbi procurati dalla ricerca esoterica, si è consci che non ci si può adagiare in una comoda visione di limite alla conoscenza, per rifuggire dal pensare, se non si analizzino le varie sfaccettature per leggere ogni evento o accidente con semplicità.

Forse, un limite c'è ed è l'opinione che si ha sull'esistenza di un ordinatore cosmico, che per comodità è chiamato Il

G.A.D.U. (Grande Architetto dell'Universo) che nell'opera esoterica non è esposto in una vera e propria teologia, ma esclusivamente come interpretazione della conoscenza nei confronti dell'ignoto.

Razionalmente non può esserci un'espansione del pensiero se questo è condizionato, è frenato dalle credenze dogmatiche. Non possono sussistere, in un cammino di ricerca esoterica, nascondigli di fede o d'ideologie ma tutto è alla luce del sole e le differenze, che si evidenziano nella rassegna di un insieme d'obiettivi di ricerca, sono ritenute trasgressive o controcorrente. Potrebbe essere proprio questo l'errore più consistente e forse più ricorrente, che determina discussioni sulle normali scelte umane e spirituali, lungo il sentiero profano del religioso. D'accordo che la maggioranza degli uomini, specie in Italia, dove è più presente e pressante la religione cattolica, ha per scelta l'obbligo di una precisa e dogmatica confessione religiosa. Sono condizioni di preferenza che non provengono, come teorizzava B. Russell, da un'esclusiva e ponderata elaborazione del proprio intimo microcosmo, ma avvengono o meglio è imposto sin dalla nascita, dalla religione dominante su un determinato territorio. In altri termini, può risolversi la questione se chi è nella giusta strada, se chi ha ragione nell'esposizione del proprio pensiero, deve essere psicologicamente condizionato da imposizioni immateriali di superstizioni o da scelte derivate dall'abitudine di una formale condizione educativa?

Sono dubbi che martellino incessantemente sia il credente dogmatico sia quel chi riflette nella ricerca del sapere. Anche se il Massone, che proprio per la sua diversità si pone

maggiormente e continuamente dubbi, è cosciente di sapere
che difficilmente riuscirà ad aprire uno squarcio di chiarezza,
una risposta non equivoca del suo atroce dubbio! Non riuscire
ad avere risposte chiare su ripetute e assillanti incertezze,
porta a subire un individualistico travaglio e assillo di
coscienza, che se non scalfisce minimamente la maggior parte
dei profani religiosi, indubbiamente non risolvono l'enigma
accettando con sentimento il dogma religioso della chiesa
cattolica. All'opposto, il Massone di una cosa è certo: nessuna
scelta religiosa, razionale o meno, può essere più appagante di
un'altra ed è convinto che per raggiungere la vera vocazione
spirituale dovrà conoscere la religione esclusivamente con una
razionale e fantastica ricerca della verità.

Tempo fa, "Il Quotidiano", giornale locale di Cosenza, ha
pubblicato un'intervista nella quale l'Arcivescovo mons.
Agostino dava spiegazioni sulle motivazioni per le quali i fedeli
cattolici non potessero far parte della Massoneria in quanto,
principalmente, perché essa non accetta il dogma della rivelazione cristiana. Motivazione forse anche giusta, ma per chi
ritiene di voler far parte dell'istituzione massonica e anche se
di religione cattolica, sa benissimo che il tragitto massonico
può non essere considerato qualitativamente valido; è
iniziatico e quindi pone la questione Uomo nella ricerca di un
solo Dio, sommo spirito di riferimento e unico Grande
Ordinatore dell'Universo, che impone il bene e si oppone al
male, che non tollera l'ingiustizia e professa l'amore e la
fratellanza. Non esiste uno stato conflittuale nei riguardi di
nessuna organizzazione religiosa o sociale o politica, poiché è
simile il traguardo verso chi aspira al perfezionamento e al

miglioramento umano, nonostante sia diverso il metodo del percorso e quasi parallelamente convergente, come piaceva esprimersi l'Onorevole Moro, circa l'uso della ritualità e l'essenza individuale del simbolo, nel credo di un essere superiore, in ogni modo coincidente nella ricerca a ritrovare l'identità nascosta e misteriosa. Questi sani principi sono frazioni dei punti base della Massoneria e non si comprende perché la Chiesa cattolica sia particolarmente rigida e inflessibile nei riguardi della stessa..

Ragionevolmente ci saranno divergenze d'idee e di percorso, com'è giusto che ci siano in ogni organizzazione che si orienta su principi di pensiero e di libertà, ma non tali da considerarli conflitti d'interesse e neanche da disconoscere un'Istituzione (quella Massonica) che professa unicamente il raggiungimento di scopi come la giustizia, la solidarietà tra i popoli, di tolleranza fraterna e aiuti al prossimo. L'esercizio della Morale, uno degli scopi principi della Chiesa cristiana è anche uno dei raggiungimenti massonici e nulla toglie s'è portata a condividere una particolarità religiosa, sia confessionale sia laica simbolica.

E' indubbio, che il Massone non abbia l'intenzione a cambiare il progetto stabilito e già tracciato dalla religione professata nel territorio in cui vive, ma è attratto a documentare anch'egli dei piani di lavoro che non osteggiano nessuna religione, anche se a volte, l'elaborato interesse della ragione che privilegia sul credo non è accettato dalle religioni.

I progetti massonici non sono altro che modelli comportamentali disegnati a pensare ed elaborare tecniche d'aiuto, che si rendono utili nel dissipare i possibili dubbi ma sono rivolti ad un'autonoma individualità, agli incontri con gli altri, in una società idealmente tollerante.

Può anche essere lecito, da parte clericale, un atteggiamento dubbioso giacché i progetti disegnati dal Massone rappresentano sentimenti che possono certamente prefigurarsi anche come autenticamente religiosi, ma in ogni caso non dogmatici e rivolti esclusivamente ai membri della società civile non sottomessa al potere esistente ma formata da uomini liberi e avulsi a violenze e sopraffazioni.

È possibile che la perversa normalità borghese, possa essere tratta in inganno dalla normalità delle necessarie funzioni di una vita abitudinaria, non per questo si possono formare identità culturali che attivano scorretti percorsi, costruiti da regole non sempre chiare, inserendo orientamenti clericali che mettono in discussione opinione e convinzione religiosa.

Riconoscendo che i principi base del Massone sono quelli della ricerca interiore, quindi conoscitore di una tecnica metodologica d'orientamento umanistica, che conseguentemente, non può fargli rifiutare proposte di vita fraterna o di tollerante convivenza sociale, con qualsiasi classe ideologicamente diversa.

Una cosa è discutere, vagliare sulle tentazioni di coscienza in modo civile e razionale, un'altra cosa è subire o obbligare a una ricerca di non razionale spiritualità, non appagante per il pensante uomo Massone, ma neanche essere soddisfacente al religioso clericale.

Sia il Massone sia il clericale rispetta e cercano di conoscere, di approfondire con serietà e in libera coscienza il proprio credo spirituale, senza nessun tipo di polemica o d'attrito fra loro. Sebbene l'uomo dimostri un'attenta osservazione a ogni movimento culturale e socio-politico, si può cogliere in pieno il pensiero espresso in assoluta sincerità e trasparenza, sgombrato da ogni preconcetto e pregiudizio negativo d'integralismo e d'intolleranza. Si suppone che ci siano delle essenze di pensieri indipendenti dalla spiritualità anche se a volte, arbitrariamente, si uniscono con idee complesse e non sempre spiegabili o praticabili a persone che non vivono nella libera scelta di conoscenza.

Non è consentito però, agli uomini di chiesa e ai clericali borghesi, di non rispettare o discriminare ovvero non accettare come cattolico credente e praticante il Massone solo perché adotta una libera scelta di ricerca diversa da quella stabilita dai canoni clericali per arrivare a spiegarsi l'esistenza di Dio e pur accettando come tutti i credenti, il dogma della rivelazione, senza per questo rinunciare all'individuale ricerca verso la verità egli non è considerato un cattolico credente e praticante. Fatta applicabile l'ipotesi di B. Russell [...]che non esisterebbe giusto e ingiusto se esistesse Dio.[2] Allora ne consegue, che anche per le autorità clericali non dovrebbero esserci differenze fra uomini credenti e Massoni.

Presumibilmente tutto dipende dalla forte indipendenza psicologica che il Massone ha nella ricerca dell'assoluto, mentre contrariamente, il metodo di trasmissione della verità dogmatica dà origine a paure e queste possono essere veicoli di pericolo di influenzare convincimenti dei credenti nell'applicare forme diverse da quelle che inculca il clero. In realtà la differenza tra Massone e Cattolico, è che il primo è

____

2-"Perché non sono cristiano"- B. Russell

sempre alla ricerca dell'assoluto l'altro, invece, accetta il dogma della rivelazione.

Lo scopo principale della spiritualità della Massoneria è quello a far salire sempre più in alto l'uomo pensante, per acquisire sempre di più la rosea speranza a risolvere le varie questioni morali, che generano tanta angustia in ogni essere umano. Ciò nonostante, l'istituzione massonica non può essere veduta come un ente specializzato come la chiesa o i partiti, con una funzione diversa per il raggiungimento di una dimensione espressiva: il suo proposito è di far conoscere uomini che professano e applicano l'uguaglianza e l'armonia, che aspirano a una libertà della conoscenza e dove il loro atto principale è a servizio di tutte le forme di convivenza umana e di piena applicabilità delle virtù morali.

Accade però, che non sempre qualità e umiltà, saggezza e sapere, riescano a dare un giusto giudizio nelle valutazioni del comportamento degli altri e neppure ci si rende conto di sfoggiare presunzione nell'imporre inutili parole di maestranza, così come non sempre si dimostra coscienza del sapere o si enunciano desideri di attuare l'emancipazione del pensiero anche in Massoneria, dove si professano in continuazione i principi di libertà, d'amore e di pensiero.

Si dovrebbe riedificare il modo di procedere nella ricerca e non vederla come una semplice scelta o andare a sbattere il muso contro le vere esigenze spirituali e materiali, che sono le vere richieste dell'uomo, ma rispettando i propri e riservatissimi travagli interiori senza insinuare il dubbio dell'onestà, quando si esprimono tesi opposte a quelli dell'interlocutore.

Nel rispetto della libertà di pensiero religioso o massonico, umanizzi i tanto desiderati valori umani, senz'altro esiste la possibilità di aprire dialoghi sia da una parte sia dall'altra, in un processo di democrazia senza ostentare presunzioni d'essere unici possessori di verità di dettami, nella retorica affidabilità d'osservazione o di trasmissione d'idee, come non può essere considerata valida esclusivamente in una attendibilità di gestione se non si ha un'autorevolezza presenza nell'organigramma di governo dell'Istituzione oppure adottando il semplice procedimento di praticabilità con una giusta e autonoma fisionomia strutturale del basilare concetto di conoscenza ad elaborare la giusta strategia d'intervento.

Una delle condizioni basilari della Massoneria che la differenziano da tutte le altre organizzazioni esistenti, è quella di stare sempre disgiunta dal mutamento esterno evitando il rischio che nei Templi possano accedere i tanti e pericolosi rumori dei metalli.

Dall'esperienza negativa subita nel passato, sono ancora evidenti i danni procurati alla Massoneria, che hanno provocato scissioni o profonde spaccature all'organizzazione. Non è consentito che sotto forma di un eventuale adeguamento ai tempi in cui si vive, si devono trasformare gli schemi tradizionali organizzativi e di ricerca, nel nome di un inesistente e non necessario progresso che avviene nella società profana, stravolgere i valori tradizionali rischiando di creare un'illegalità esoterica che possa limitare il diritto di libertà del pensiero e della discussione democratica.

In Massoneria è implicito l'invito a percorrere la strada per la libertà intesa come garanzia nell'esporre la propria rappresentazione mentale; quindi istituire un rapporto con se stesso e con la propria coscienza, ma sempre in linea con gli altri, con spirito di tolleranza, d'uguaglianza. Ciò perché la persona deve essere obbediente alla legge non perché è obbligata o costretta, ma per l'istinto maturato nella propria interiorità, acquisito attraverso la ricerca esoterica che fa attuare in modo diverso i principi della democrazia e della libertà del pensiero umano. Il Massone condanna chi ostacola o nega l'attuazione della libertà, e da sempre si schiera a favore di chi esprime tesi diverse da quelli cosiddetti ufficiali senza lasciarsi influenzare dalle forze negative, anche interne alla stessa Istituzione, che intentino dominare l'intera organizzazione per creare capricci personali equivalenti d'intolleranza.

Il Massone tiene sempre la porta a chi esprime un pensiero diverso dagli altri, perché è anch'egli un diverso, che non accetta atti di sottomissioni al potere, anche se è sempre presente nella sua indole il superamento delle negatività, il rispetto di tolleranza e la buona fede nel coinvolgimento d'interessi comuni.

A ragion veduta non sussisterà favoritismo verso chi vuole applicare dubbiose forme d'arrivismo obbligato, condizione che non esprime la vera fisionomia Iniziatica, ma è alimentatore di dissenso a cagionare o incrinare divergenze in intollerabili comportamenti, che presumibilmente creano conseguenze pericolose di episodi d'intolleranza ambientale.

Non si può attribuire qualsiasi tipo di potere a uomini (anche se Massoni) senza sforzarsi a scoprire l'elemento umano più valido nel ricoprire una determinata carica o effettuare la scelta di una esclusiva e ristretta cerchia settoriale d'appartenenza di chi vince qualsiasi elezione anche per il governo dell'Ordine Massonico. Chi governa la Massoneria, chi trasmette e diffonde i suoi principi, è obbligato ad adottare la cosa più giusta e valida: scegliere i massoni più idonei e non quelli più fidati, è il metodo a dimostrare come si tiene al rispetto anche dell'opposizione, senza per questo sforzarsi d'individuare la ragione dell'uno o dell'altra fazione, e senza venir meno ai basilari principi morali o tentare di modificarli o trasformarli per un uso più personalizzato e confacente ai propri desideri di predominio. Prefiggersi se tollerare o no l'obbedienza di un Massone e fino a che punto conseguire un rapporto chiaro con se stesso e con la propria coscienza, dimostra padronanza del concetto d'uguaglianza e di democrazia.

A volte si individuano scelte utilitaristiche per superare barriere costituzionali nella speranza di avere un prevaricatore consenso o dominio sull'Istituzione e in tal modo avviene la trasformazione del Massone in doppio, in altri termini, si crea una condizione di sdoppiamento, che a volte diventa anche contraddittorio e confusionario quando si è obbligati nell'applicazione comportamentale degli esoterici principi dettati dall'istituzione massonica nel mondo profano. Sono fenomeni da non sottovalutare e da non trascurare in un conflitto d'interpretazioni e specificatamente quando sono orientati esclusivamente sull'avere a qualsiasi costo, mettendo in discussione i principi stessi per i quali molte persone, anche nel passato, hanno sacrificato finanche la vita per applicarli e renderli operativi nella società.

Nel caso succitato avviene quasi una manipolazione sul processo evolutivo dell'iniziato, che non determina una razionale formazione d'individualità e indipendenza, ma un modo falso di un'ideologia-pratica e utile per usufruire dei vantaggi immediati e trascurare il futuro, ostacolando ed evitando l'avvio e il proseguimento di un programma interiore del processo libertario dell'uomo.

Il percorso del conoscitivo intimo, cui è interessato sin dalla sua iniziazione il Massone, è sollecitazione di un lavoro rivoluzionario che non accetta la trasformazione in ruoli precostituiti, ma in realtà genera un'ideologica vocazione sempre viva in una coscienza concreta e consapevole dell'impegno di far esaltare l'etica e la morale entrambe valide nella trasformazione intellettuale dell'individuo, nell'interpretazione delle sensazioni microcosmiche del proprio pensiero che mettono in moto un meccanismo complesso d'avanguardia, che può sembrare la negazione del razionale, ma in realtà è il compimento di una diversa condizione umana per rimuovere quella scorza di rozze e retrograde mentalità prodotti della confusione del linguaggio profano.

Si può sostenere che per il Massone, il cui fine utilitaristico è quello d'illuminare il contenuto della ricerca, è disporre la propria coscienza in una dimensione adattabile a una funzione valida di conoscenza per costruire idee libere che sviluppano un'armonica capacità creativa per il perfezionamento del patrimonio già in possesso. L'acquisizione di una fondamentale libertà d'interpretazione degli elementi simbolici reali, serve ad abbattere non solo le ostili barriere che limitano le manifestazioni di verità sociali, ma assicurano l'indipendenza della ricerca nel diritto, senza appiattimenti conformati che non hanno valore e tutelano la serenità umana. Lo scopo principale che interessa è la speranza, cercata dalla maggior parte degli uomini sensibili e intellettualmente sempre sollecitati dalla curiosità culturale, di scoprire l'armonica funzionalità nell'Universo infinito, possibilmente senza assistere a sconvolgimenti politici e sociali, ma aiutando la coscienza a superare e risolvere, senza tanto dolore, le incertezze sociali, politiche ed economiche che si vivono nella vita giornaliera.

E' la speranza di poter manifestare le idee massoniche senza equivoci, che esse non siano rifiutate per partito preso, è la speranza di riconoscere il diritto di credere nella religione, specie quella cattolica, in un reciproco rispetto del proprio pensiero e che possa sparire il pregiudizio a essere giudicati per il comportamento di spirito libertario.

Sono speranze, forse da alimentare con un'intensa e chiara indicazione all'esterno, con un'informazione specifica che dia un significato ai valori professati e non sia interpretata in modo confusionario e con notizie sfasate, senza esami di coscienza e di neutralità. Spiegando che la Massoneria non è interessata alle deviazioni politiche o alle adulterazioni sociali spesso attribuite dai mass-media e forse originate dalla scarsa informazione nel passato e dal probabile nutrimento di contrasti d'opinioni dell'Istituzione con l'esterno o presumibilmente è una mancanza alimentata da una presunta convinzione di superiorità di essere nel giusto e quindi indifferente del giudizio altrui. La chiarezza d'informazione verso l'opinione pubblica, non vuol dire per forza comunicare anche i nomi dei propri aderenti (che è quello cui puntano da sempre e unicamente i mezzi d'informazione), in altre parole aprire le porte del Tempio a qualunque persona profana che possa esaminare quali sono i mezzi e gli strumenti usati per il lavoro in Loggia, significa non tanto soddisfargli la curiosità ma offrire, a un profano interessato, un'immagine autentica e necessaria, utile per una sua giusta critica d'adesione. Infatti, per avere possibili adesioni che possano dare un senso nello studio dei simboli, la cosa migliore è quella di mostrare quali sono questi simboli a quale scopo, servono, spiegare che la Massoneria proibisce discussioni di politica e di religione nel Tempio, mentre fuori dei rituali lavori ognuno è libero di aderire a qualsiasi partito politico o credo religioso. L'importante è che ognuno costituzionalmente rispetti la libertà degli altri e bandisca l'ipocrisia di attribuire forzatamente una teologia o un'idea politica alla Massoneria.

Non esiste una teorizzazione della Massoneria, come non esiste una sua sublimazione e non si esercita il dominio di una dottrina ma esclusivamente determinata come un sistema morale, che esprime meglio una tecnica che trasmette l'impresa, la realizzazione spirituale strettamente personale, senza possibili dogmi religiosi o promesse politiche. Non è azzardato affermare che la Massoneria prova avversione verso ogni forma di coercizione e oppressione, specie quando non si consentono interventi democratici nei vari procedimenti civili o l'adozione di provvedimenti che garantiscano un'equilibrata, libera e autonoma società profana.

Il contributo che può dare il Massone, specie nella veste di pubblico soggetto sia politico che burocratico, è molto elevato, perché risponde a una logica precisa; l'incisione della tolleranza nel tessuto della civile società, riflette i principi d'uguaglianza, di libertà e di fratellanza, principi coltivati nei lavori di Loggia ed elaborati e trasferiti nella realtà, oltre il confine della Loggia stessa.

Una partecipazione massonica in organigrammi di qualsiasi Amministrazione è la garanzia di realizzare nel reale l'ordine della coscienza, lasciare l'impronta dell'esistenza e di creatività di precisi orientamenti etici che da sempre sollecitano l'interesse umano.

Particolari di Tempio Massonico in New York

4

Tradizione e perfezionamento.

Vivendo nell'attuale era globale, dove pare che tutto sia suggestionato da indicatori, da modelli matematici, da statistiche che inglobano tutto l'insieme, ci si rende conto nell'esclusivo e predominante desiderio egoistico dell'individualità. Così facendo non si tiene conto di una realizzazione del proprio cerchio personale che deve stimolare l'indagine investigativa interiore a stanare l'ideale condizione intellettuale e spirituale, d'identificare capacità per il sostenimento della propria economia, scegliere l'adatto e confacente modus di vita, creando i presupposti per realizzare un'affermazione individuale e appagante nella società reale, e acquisire la tecnica d'interpretazione degli esoterici simbolici offerti dalla società e come con questi si possono essere usati per discutere, per analizzare e capire più in profondità la società che si vive.

Tutto è azione: confronti incrociati con il modo di pensare degli altri, una configurazione del male e del bene, assegnarsi un ruolo in una possibile democrazia sostanziale che abbia un rapporto efficiente e consistente con il prossimo.

È nel proposito umano vivere su un territorio in pace e in un clima di tolleranza attiva e partecipante, in un ambiente che rispetti per prima cosa la libertà personale e quella del prossimo, affinché si avveri un autentico processo d'integrazione fra le varie etnie della terra, senza subire l'immaginaria e fantasiosa offerta di riconoscere gli specifici bisogni dell'umanità in modo fittizio e ingannatore in un'esistente opposizione ideologica e religiosa.

Questi sono i maggiori desideri dell'uomo e tutti devono sforzarsi affinché si possano realizzare anche per conquistare quella facoltà di poter navigare con la metaforica barca spaziale e realizzare il progetto di ricostruzione psicologica nell'esplorazione fantastica del misterioso microcosmo del proprio Ego e in tale modo riuscire ad affrancarsi, di fatto, dalle inquietudini mistiche esistenti nel contenitore d'immagini statiche e dipendenti dagli umori esterni e non privare a nessun individuo la facoltà dell'esplorazione interiore. Per quanto riguarda il Massone è presente nel Tempio un vasto repertorio di strumenti che possono essere usati nella propria nicchia culturale e psicologica, che gli evitano possibili contaminazioni alla tradizione nel collettivo spazio sociale in cui vive. E' un gioco che nel coinvolgimento nella massa, non accetta i multiformi concetti condizionatori della libertà individuale, ma necessariamente diventa un'entità a sé stante che rifiuta la contaminazione del pensiero singolo e non riconosce i conflitti interiori, che possano confondere il modo di vivere nella comunità sociale stessa.

L'atmosfera che si trova nel Tempio è la strana e incitante, oltre che misteriosa sensazione a raggiungibili prospettive della conoscenza di se stesso e l'utilizzo strano e miracoloso, che si riesce a fare nell'uso della manipolazione degli strumenti presenti. Tutto avviene in modo stravagante e inspiegabile, tuttavia si realizza il prodigio dell'interpretazione del simbolo ottenendo risultati miracolosi nella reale applicazione.

È indubbiamente importante l'autonomia di ragionamento, di scelte, di creatività, d'organizzazione della propria vita per liberarsi dei vari impedimenti che ostacolano la scelta del Credo e dell'Idea. E' importante conquistarsi il sorriso che testimonia lo stato interiore di tranquillità e di conseguenza una maggiore disponibilità al rapporto con gli altri e attuare l'utile azione di bandire dal Tempio l'ipocrisia e il fanatismo che favoriscono una più razionale consapevolezza di reiterare i solenni obblighi assunti con la cerimonia dell'iniziazione.

La conquista del sorriso è la prefigurazione del certo nel raggiungimento equilibrato della conoscenza umana, oltre a essere la giocosa capacità nell'infrangere i confini tra reale e irreale, tra fantasia e convenzionalismo, tra incapacità e amarezza. Superare questi confini, vuol dire disciplinare la ragione anche di là dai limiti che sembrano inaccessibili, invece si possono superare magari applicando e adottando un tipo di ricerca esoterica, unica e particolare, nell'offrire possibili risposte agli indefiniti problemi che affliggono l'uomo sin dalla sua nascita. Di frequente il prodotto di conoscenza offerto dalla società civile è, per il più dipendente, la trasmissione di quelle idee più interessate a formare l'uomo con schemi mentali che soddisfano i bisogni conformistici, ma non lo educano a possibili scelte libertarie. Il debole di turno, l'assoggettato, è sopraffatto dagli ostacoli che incontra nel corso della sua esistenza e non riesce a ribellarsi al prepotente e il suo percorso di vita è sempre segnato dalla presenza del Caino o Romolo di turno, che offre esclusivamente prodotti sociali detestabili come: Ingiustizia, tradimenti, fanatismo, egoismo ecc...

L'interesse di identificare il prodotto più interessante è la sfida a scoprire l'impenetrabile e congenito segreto interiore per il quale l'uomo può usare diverse formule per penetrarlo, per farlo uscire dagli schemi prodotti del reale, pure rispettando discipline culturali tramandate e accettate. Il metodo migliore per sollecitare la fantasia della ricerca è quello dell'esoterica simbologia prodotta dalla Massoneria.

Anche se non ha nulla da dimostrare, ciò nonostante riesce molto bene a spiegare simbolicamente e con molta prudenza le vicende della vita reale e concreta, adoperando con destrezza gli strumenti più adatti ad affrontare serenamente la comunicazione con il suo intimo e con gli altri. Inoltre, nella modificazione del proprio pensiero fa assimilare il corretto linguaggio nell'attività esoterica della lettura del simbolo e della ritualizzazione di un comportamento che aiuta la comunicazione con il proprio micro - centro, dove ognuno proietta, per di più senza neanche rendersene conto, le norme dettati continuamente dalla società cosiddetta profana e ritenuti linguaggi segreti, non sempre produttori di libertà di comportamento e spesso d'intollerante ambiguità che esprime una comunicazione superstiziosa e piena di pregiudizi nel rispetto altrui, perché si è portati a vedere in superficie, senza voler approfondire codici e convenzioni.

E' chiaro che il massone, speculando nel processo di elevazione spirituale e intellettuale, si pone continuamente e coscientemente dubbi sull'indipendenza degli ideali e se questi possano diventare comprensibili per annullare i distacchi all'identificazione della verità. Quella verità che fa dire a Sant'Agostino[...] chi conosce la verità la conosce e chi la conosce, conosce l'eternità: La conosce l'Amore! O eterna verità, o amore vero, o amata eternità.[3]

Utilmente chiaro il concetto di ricerca interiore anche nei confronti di costrizioni o attribuzioni d'esperienze s'incontra nel tracciato sociale o spirituale di ogni individuo. E' una realtà che presuppone l'esistenza di una diversità culturale, intellettiva a cospetto della massa, della folla profana e non solo, crea i presupposti di razionalizzare una speranza metafisica che rimanda sempre a un domani, che mostra solo indignazione e obbliga a usare esclusivamente un linguaggio esoterico, fatto di simboli e metafore. Così citava B. Russell: L'indignazione è una sottomissione dei nostri pensieri, ma non dei nostri desideri, la libertà stoica che, significa saggezza, si raggiunge attraverso la sottomissione dei nostri desideri, ma non dei nostri pensieri[4].

Si è dal parere che i succitati messaggi contengono il proponimento più adatto a descrivere il desiderio umano sulla ricerca della Verità! Anche se il viaggio è diversa comune è il traguardo prefissato. L'uno, il teologo, adopera opportunamente il linguaggio esoterico confessando i propri pensieri, peregrinando una verità ossia l'elaborazione dalla materia informe per ricavare l'ideale comprensibilità del linguaggio. L'altro, il filosofo, dichiaratamente ateo, nella continuità mentale intravede la libera ricerca del pensiero, la morale umana. Mentre questi e tanti altri speculano individualmente su varie teorie interessanti concetti attenenti

---

[3]-Sant'Agostino –Le Confessioni-Traduzione di Giovanni Giolo-Giunti editore-
[4]- B. Russell - Misticismo e logica - Editrice Newton Compton Italiana.

alla morale e all'etica sociale, la Massoneria mette a disposizione dei suoi adepti una serie di strumenti che ritiene validi per ragionare e leggere con chiarezza il proprio intimo speculando nella profondità del simbolo come strumento per trovare la luce della speranza, la saggezza del pensiero.

Ciò perché il simbolo è visto dal massone, non con gli occhi, ma lo scruta metaforicamente con la mente e senza fermarsi alla parte più conformista, più informe, ma cogliendo la profonda spiritualità razionale. A volte perfino elucubrando sulle sensazioni, attraverso valide valutazioni esoteriche che possono produrre modificazioni intellettuali anche alterando l'accettazione o il rifiuto che comunque, conduce a una progressiva conoscenza interiore per slegare e recidere i legami d'intolleranza e di disumani interessi che limitano il confronto del principio di libertà, di uguaglianza e di fratellanza. A questo punto le espressioni più sensibili del percorso massonico si realizzano se si riesce speculare e decifrare il misterioso simbolo che rappresenta lo spazio temporale della coscienza umana, il tragitto esoterico senza nessuna intromissione esteriore e utile all'individuo per essere scopritore di verità, altresì manipolatore del linguaggio, per dirla con Leibniz: sono vere o false le cose e non i pensieri[5]. Non sempre ci si rende conto dell'effetto sprigionato dalla parola e come possa essere (potenza) del pensiero e trasmissione d'idee e sentimenti di vibrazioni positive o negative.

Esoterismo non s'identifica, come molti credono, nell'occultismo: inteso come attivazione o applicazione di varie

---

[5] Logica e linguaggio in Leibniz e nella filosofia del XVII secolo. Luigi Perissinotto Edizione Paravia

formule con poteri supernormali finalizzate al risveglio di entità defunte o di pratiche magiche per rivelare misteriose energie extraumane, al contrario, è l'elemento interiore dell'uomo nel quale si vuole scoprire e individuare il mistero delle cose sconosciute. L'esoterismo mette in discussione ogni accidente o accaduto; è l'applicazione di un metodo per riflessioni e studi utili al bisogno di esplorare la famosa psicologica grotta Platonica, di rivelare connessioni con lo spirito riuscendo a leggere le superstizioni dell'incomunicabilità sociale e individuale, addentrandosi nel processo di mutazione, utile per trasformare il bagaglio di conoscenze a favore di una diversa cultura quale può essere l'esoterismo simbolico. Il processo che s'innesca ha validità se concretamente si riesce a dare un sostanzioso contributo al conseguimento dell'apprendere, ed eventualmente essere vigile nell'invertire la rotta, per non pregiudicare l'eventuale evoluzione ottenuta.

È chiaro che per introdurre un concetto simile, è necessario capire l'effetto distorto che si può generare e dedurre, che se avvengono alterazioni ai principi morali che disciplinano non solo la società civile, ma principalmente l'individualità umana.

È l'essere in grado nel controllo dei conflitti interiori, e poterli condizionare in ottimi rapporti tra uomini e l'intera società reale.

Nel convincimento che nessuno è migliore dell'altro e che la via più giusta e più valida a chiarire ogni ambiguità è: annullare possibili sospetti profani nei riguardi della Massoneria, considerata come un'organizzazione dedita a confondere le idee, le azioni sociali, filosofiche ed economiche e addebitare di chiudersi in un non ben individuato segreto perverso, utilizzato per infiltrarsi nel raggio d'azione di altre organizzazioni di natura politica (dei partiti) e religiosa (particolarità del Vaticano).

È, pur vero però, che la Massoneria non ha avuto mai l'opportunità, differentemente ad altre organizzazioni, di adottare una diversa applicazione e pubblicizzare i suoi principi di organizzazione dedita a far conoscere diverse forme di cultura anche adottando insoliti e diversi modelli di ricerca, speculando sempre più in profondità sull'essere umano e generando la necessaria armonia operativa con le altre forze sociali, con uomini di diversa accettazione delle offerte sociali. La società profana (riferita a chi è fuori dall'organizzazione massonica), probabilmente ha perso qualcosa nella ricerca interiore, nell'espletamento delle idee di libertà e di tolleranza. Ciò significa che rendere comprensibile il proprio pensiero sugli argomenti politici, religiosi, scientifici e filosofici, dà la possibilità di conoscere e leggere con un'ottica diversa le varie sfaccettature degli eventi sfortunati o piaceri della vita, per creare una concordanza nella ricerca di progresso dell'Umanità e fa acquisire la capacità logica e concettuale, nel fronteggiare con competenza e saggezza l'eterno dualismo del bene e del male.

Nell'attualità qualche perplessità è superata, ma resta sempre presente l'atavica paura prodotta dell'ignoranza altrui di non essere in grado a leggere i problemi educativi dell'una e dell'altra parte sociale e superare la difficoltà ad apprendere o almeno comprenderle in parte. Per riuscire a connotare nelle estrinsecazioni di un grigio percorso esistenziale della società umana, può essere utile l'azione dal bandire dal Tempio massonico l'ipocrisia e il fanatismo a favore di una più razionale adesione di coscienza dai reiteranti e solenni obblighi assunti con l'iniziazione. Riuscire a leggere il ben evidenziato bianco e nero della scacchiera disegnata sul pavimento del Tempio massonico, è capire la rappresentazione di uno stato d'essere che non può essere influenzato da chi pretende di insegnare l'irrazionale e pseudo potere personale nei confronti dei fratelli massonici.

Così com'è importante la modificazione di determinati prodotti offerti da soggetti che ricorrono a elementi diversi di un conformismo psicologico più umano e impregnato di principi (anche religiosi), trascurando l'analisi psicologica di comportamenti che sono attenti e interessati all'interiorità dell'individuo. Sono casi in cui si evidenzia una ricerca del proprio Io e si esercita l'ispirazione dell'interrogativo e della riflessione, perfino costringendo a discendere dentro la propria anima e avvicinarsi a quel micro-punto interiore considerato il centro dell'interesse e dell'idealità individuale.

E' una determinata cultura che propone letture diverse, che analizza le varie sfaccettature del richiamo di una rappresentativa e intellettuale ricerca dell'animo individuale in risposta ai manifesti prodotti d'inquietudini, nei processi essenziali e interessanti della trasformazione del pensiero, sempre presente dietro la benda che oscura gli occhi. Certamente non è né facile né semplice riuscire a eliminare la nera benda che copre gli occhi, perché il clima sociale e culturale nel reale in cui si è vissuto o si vive, anche se contraddistinto da una rettitudine naturale, solitamente è vincolante nella conformità di un'intransigente cultura e educazione, che si rispecchia nell'ipocrisia e nel settarismo razziale e nazionalista.

Riuscire ad ottenere informazioni approfondite e serie, che possono fare accettare utilmente l'aspetto spirituale nell'affrontare con serenità la realtà sociale in cui si vive, è il desiderio più agognato dell'uomo pensante, la cui vera esigenza, è di crearsi una tana dove rifugiarsi o meglio dove si possa elaborare una credibile e personale filosofia di vita da affrontare con la dovuta modestia, discrezione e purezza, in una valida e corretta attuazione di un'evoluzione intellettuale.

La Massoneria proprio a questi individui si rivolge, a questi offre i metodi di perfezionamento valido e conoscitivo per imparare a usare come si manipolano a proprio favore gli strumenti simbolici, come decifrare i segnali metaforici presenti nella profana, reale e laica società. Mette a disposizioni gli utensili che servono a creare gli stimoli per attivare la conoscenza e l'attitudine intuitiva e illuminante per la libera ricerca della verità, per la quale, l'uomo sensibile di qualsiasi razza o emisfero terrestre faccia parte, aspira da sempre a scoprire a conoscere in una prova continua d'agitazione, quando si tratta di risolvere il problema del vero, primario scopo dell'essere umano. Lo scopo di realizzare una produzione, che non solo auto - valorizza il proprio lavoro nel mutare le forme delle cose, ma essenzialmente per partecipare al riconoscimento dell'esistenza spirituale e di riuscire a dare un aspetto concreto alla conoscenza, e vedere l'inganno che vuole distoglierlo dalla vera luce della conoscenza.

Si può ottenere un risultato valido senza per questo rinunciare a quelle prerogative di bisogni invece, culturali presenti nella società profana, ed eliminare quelle contraddizioni prodotte da rapporti sociopolitici, che stando alla base di false teorie (riproduce con grettezza operativa uno specifico pensiero d'individuazione prettamente materialistica.

Di certo governi totalitari e religioni si preoccupano quando si professano questi concetti massonici, pur essendo principi a cui ogni uomo o donna aspira. L'azione della Massoneria, in una società civile e democratica è quella d'essere conseguentemente tollerante, possibilmente di non tentare l'animo di chi governa ma sempre presente alla ribellione quando si cerca di ostacolare la ricerca della verità. Il lavoro con gli strumenti simbolici è sempre proiettato allo sviluppo del pensiero e non a vincere una qualsiasi agitazione sociale ma si sente vittoriosa quando anche gli altri uomini diventano tolleranti, quando gli altri sono sollecitatori dell'indipendenza individuale nella società reale.

È noto l'evidente disinteresse che ha la Massoneria nei riguardi della politica e della religione, ma non vuol dire niente se qualche affiliato vi partecipa direttamente, l'interessante è che come istituzione n'è estranea, che non dia nessun apporto d'idee e d'elettorato. Il suo patrimonio di vera conoscenza è l'interesse comune, ed è proprio questa specificità che la lascia estranea a qualsiasi possibile intervento diretto che possa presentare una trasgressione nell'affrontare il problema della conoscenza interiore, della perfezione del proprio intelletto. Si usa la squadra per tracciare la perfetta linea della vita comune, quella quotidiana, la linea della spiritualità, dell'aspirazione verso l'alto, verso il punto universale. Si usa il compasso per delimitare in modo perfetto il cerchio del mistero e restare nella realtà, a volte anche luminoso, cardine dell'azione razionale del saggio pensiero che attraverso gli strumenti adatti e ben manipolati, entra in comunicazione con la profanità sociale. Si può affermare che è l'assunzione di una responsabilità dell'agire e non è certo facile individuare il percorso chiaro e leggibile per rendere comprensibile i dubbi e stimolare i valori dei principi di libertà e indipendenza culturale e intellettuale.

È questo il merito della Massoneria, di chi vi lavora con tanto impegno e passione dimostrando disinteresse nell'impostare un rapporto corretto e onesto principalmente con se stesso e poi con il prossimo. Non bisogna sottovalutare o ignorare i non pochi contributi offerti alla società nella quale ha praticato e tuttora opera, non solo con l'immolazione della vita dei propri affiliati in quel segmento triste del passato prossimo, per difendere i principi di libertà, ma anche nel concorrere per la conoscenza e l'autoconoscenza, per la coscienza e la rettitudine dell'uomo. Inoltre, la Massoneria, è stata sempre pronta e sollecita a suggerire proposte culturali senza estromissione e discriminazione e senza sottrarsi dalla realtà delle cose ma sempre in funzione di una indipendente politica e di una libera partecipazione, intese come strumento attivo e decisivo all'intervento. Una caratteristica principale dell'idea massonica è quella di configurarsi quasi come un ente di servizio, vale a dire offrire di proposito e propriamente delle informazioni, che non lasciano sfuggire né distraggono dalla trasformazione filosofica dell'amore verso l'umanità.

Riconosce che la situazione politica non sempre rende compatibile la sua presenza sociale, così succede che non sempre il potere politico o religioso (particolarmente nel passato) è riuscito ad evitare gli sfrontati attacchi contro tutti i Massoni italiani; non sempre si sono potuti evitare i rinnegamenti di fratelli che sono stati arbitrariamente fustigatori di manovre e condotte che non rispecchiavano o rispecchiano i sani e veri principi massonici. Consta che non sempre (purtroppo) il Massone riesce a respingere lusinghe o meglio impressioni di potenza, nell'illusione di poter sovrastimare una posizione dovuta a incarichi che gli permettono un gesto di potere assolutista. Nessun vero Massone aspira a diventare un individuo soverchiante che aspira a mettere da parte gli sforzi necessari per sperare nella produzione di uno spirito fraterno e tollerante.

Nonostante si possa notare la presenza di molti Massoni nelle file di vari partiti politici, non inganna di certo la vera figura e il suo autentico scopo politico nell'ambito di un partito, com'è difficile dire quali sono le ambizioni, i progetti veri della sua partecipazione all'agone politico. Di una cosa si può essere fiduciosi: la sua presenza è indicazione d'aspirazione a realizzare una politica democratica e di rispetto, non solo della propria idea del libero pensiero umano.

Per quanto si possa considerare un Massone politico, è da tenere sempre presente che egli svolgerà il suo compito nei buoni costumi massonici, la sua operatività gli impone di riempire il vuoto spirituale dell'ignoranza e comprendere il senso di giustizia e il desiderio di arrivare alla verità. Al centro di tutto, infatti, egli tiene sempre presente il rapporto fra democrazia e autonomia, fra sviluppo e prospettive, naturalmente, precisando carattere, contenuto e deduzioni delle attività politiche e senza soffocare il dibattito e le discussioni originate dalle elaborazioni di un'idea politica. Specifica caratteristica della singolarità del Massone nella politica è il raggiungimento dell'armonia e dell'imparzialità. Egli ha da sempre interpretato la politica come attività e nell'insieme di un fine per lo stato, non come dominio sull'apparato statale o come arte subdola di governo di un popolo ma come esercizio e conquista di un potere politico per realizzare, per raggiungere lo scopo principe dell'uomo: l'obiettivo d'uguaglianza e di democrazia.

Svolge il suo lavoro come muratore operativo, usando squadra e compasso strumenti utili e necessari per smussare angoli e asperità, che si riproduce di continuo lungo il cammino della ricerca e del perfezionamento del pensiero. La sua Arte è perennemente distinguibile per la saldezza che riesce a dare alle fondazioni del suo interiore micro - punto e anche se nell'attuale società i sani principi di libertà e democrazia pare si siano persi siano denudati di certificati valori ideali, in ogni modo la sua legge morale, può essere rappresentata come l'edera rampicante sul saldo muro ideale.

Partendo da queste preminenti e spesso ignote finalità, che fatalmente s'incontrano nella società in cui si vive abitualmente, in ogni caso da non considerare centrale il compito che il Massone dovrà diffusamente trattare o almeno segnalare. Sarà quello di assumersi la responsabilità intellettuale di esprimere fuori dal Tempio i principi ivi acquisiti col proposito, non solo enunciando di essere in grado nel riuscire a superare la crisi del dubbio, ma anche di eliminare i pericolosi ostacoli, creati dai falsi pregiudizi o peggio dalla superstizione negativa e controproducente e sicuramente non valida per vincere l'angoscia della morte, che perseguita di continuo il pensiero umano.

Sono interrogativi che tormentano l'uomo, sia antico che moderno, e ovviamente ne sono pervasi gli uomini più sensibili, però se si osserva con attenzione anche i più sprovveduti, si sentono investiti a seguire dei metodi, magari decifrandoli in modo elementare ed esprimendoli con molta semplicità, meno profondità o trasferendovi dogma non certo compatibili in una chiara visione spirituale delle esperienze sociali che s'incontrano. Tutti gli uomini guardano in alto e vi trasferiscono immagini varie ma spesso in contraddizione dei propri desideri, con passaggi poco ortodossi e con la smania di reggere un potere di qualsiasi natura anche con pretesa totalitarista di anelanti desideri di potere.

Sono le ragioni praticate dalla massa e interpretate con un'opinione non certa favorevole nell'unanime sentimento generato da una presunta morale che fa agire e riflettere l'uomo politico, non con una visione che tenga conto dei necessari ed effettivi bisogni della società, ma con l'unico e principale interesse di variabili e non fissi principi di una democrazia di falsa libertà.

Il modo più giusto per arrivare a praticare i doveri umani è quello di riflettere sulla sequenza degli avvenimenti, che giornalmente si producono nella Società, e analizzarli in tal modo che si può ricavarne un risultato razionale e di buon esito per trovare una risposta corretta che favorisca il più possibile la collettività civile. La difficoltà non è quella di riuscire ad ottenere un consenso ma paradossalmente l'aspetto più difficile è riuscire a mantenerlo e conseguire le promesse di un fruttuoso rapporto e l'affermazione delle idee politiche iniziali. Sono idee che possono considerarsi immagini, ma dentro acquistano la consapevolezza iniziatica insita nel Massone e animano lo spirito di ricerca con una serena coscienza di agire, sempre ed esclusivamente in un'intatta promulgazione di sani principi di solidarietà e libertà ai condizionamenti pianificati di lotte contro l'ignoranza culturale e la rivalità sociale. È questa l'intenzione, il proposito del Massone nel prender parte alla politica e la sua partecipazione a un attivo e qualificante apporto funzionale d'idee. Tuttavia, è nell'intenzione del Massone che la sua partecipazione alla politica, sia una manifesta testimonianza nell'applicare questi principi, un'esplorazione a spianare gli scompensi ideologici, adoperando la livella del buon senso con Umiltà e Tolleranza.

Il Massone sente la responsabilità nei confronti di chi opera ma che non riceve un particolare aiuto nell'elaborazione di disegni a favore della conversione in un'ideale società perfettibile e qualificante. Il suo esplorare e partecipare a un attivo e qualificante apporto funzionale d'idee politiche, non può essere confuso in accozzaglia di principi che non hanno una base morale seria e che si rende inconciliabile con quelli propugnati dalla Massoneria, come questa, non deve essere confusa o etichettata di favorire un qualsiasi colore politico perché un suo affiliato ne possa far parte. Nell'ipotesi di Bakunin e Andrea Costa che erano massoni praticanti e anarchici, non vuol dire che la Massoneria, anche se professa principi libertari e individuali, debba essere anarchica. Così se Giovanni Amendola era un comunista e massone, non si può considerare tutta l'Istituzione comunista. Così per quei Massoni che hanno militato nel Partito fascista e hanno contribuito a far nascere un regime che si è distinto nella lotta contro la stessa Massoneria, non per questo si debba considerare tutti i Massoni dei fascisti.

L'accezione di democrazia massonica, sta propria nella libertà concessa a ogni suo affiliato a praticare diverse idee politiche, come a far parte di qualsiasi struttura di partito politico, pur non togliendo una compartecipazione serena se capita, com'è facile che possa accadere, di sedersi a fianco a fianco nelle colonne del Tempio. Può sembrare strano, poiché si sa che la politica, come la religione, da sempre procura tensione all'opposta fazione, mentre ciò non accade in Massoneria; sarà che gli obiettivi sono sì, articolati e diversi ma uguali nei percorsi e nella finalità di una democratica partecipazione.

Il profano dovrebbe porsi questa domanda: come mai riescono a convivere nello stesso ambiente, seduti a gomito a gomito, uomini che professano, ideologie politiche e religiose opposte e condividono principi morali e sociali?

La risposta è semplice, vivere nello stesso ambiente dove non si deve discutere né di religione né di politica, dove non si svolge alcuna attività di partito, (anche se impregnate da religiosità politica) ma in ogni caso si respira un'aria del tutto difforme da quella esistente al di fuori del circoscritto luogo sacrale. Distinta è la riflessione sugli avvenimenti o il modo di contemplarsi dentro, diverso è il modo di condividere le inquietudini come differente è la libera osservazione in una libera scelta politica. Si sente la necessità di acquisire una vivacità di pensiero, coscienti di poter costruire un mondo ideale, adoperarsi all'elaborazione d'idee che s'ispirano alla sovranità popolare e alla fratellanza dei popoli, respingendo fronzoli, orpelli e pettegolezzi politici o d'altra natura, che soffocano e danneggiano i progetti che configurano la libertà e l'emancipazione, la democrazia e la partecipazione onesta e trasparente al governo della gestione dei beni pubblici.

Distinta è l'interpretazione massonica che si dà alle idee politiche e di partito, avere chiari concetti nei confronti d'atteggiamenti estremistici, come quello di non creare confusione fra comunismo e ateismo, perché ateismo non sempre equivale a comunismo. La voglia di trasparenza, d'onestà e d'uguaglianza non sempre riesce a sottoporre alla luce interpretazioni e informazioni chiare, specie sull'eventuale e scarsa moralità di comportamento sociale.

Il distinto e non convenzionale metodo d'applicazione e l'uso dei simbolici utensili presenti nel Tempio massonico mostra prodotti di naturale trasparenza e leggerezza espositiva (anche se a volte la tendenza a complicazioni interpretative crea inspiegabili impressioni di false creatività del razionale pensiero massonico) che con facilità riescono a penetrare oltre la superficie della mente stessa. Sembra astrusa, inefficace, di difficile interpretazione la massonica rappresentazione mentale, al contrario, esprime una positività che avvolge l'essere in una pace interiore, acquisire la tanta aspirata sicurezza cui molti anelano giungere nel mondo profano.

Lo speculativo studio applicato al simbolo è la chiara risposta all'intenzionalità repressiva che la società profana, nelle sue varie forme d'idealità, adotta nell'inibizione dei massoni a partecipare nei vari percorsi politici amministrativi sia nazionali sia locali.

Il politico profano non sa che il Tempio massonico è un laboratorio d'idee e di ricerche; di elaborazione del pensiero e dell'interiorità della propria anima, con tragitti che possono essere bianchi, neri o rossi, ma sempre ricchi di democrazia e libertà. Mentre la manifestazione di volontà massonica è quella di modificare il pensiero ed esprimersi con volto umano, non mira allo stesso scopo la massa dei politici, poiché per loro quello che conta è ottenere il potere senza parametri che possano delimitare l'espansione di un'idea politica, anche se non tanto valida a favore della massa, che invece darebbe i giusti equilibri della condizione primaria di un popolo.

E' dovere dell'uomo interrogarsi di continuo se ciò che si vorrebbe conquistare sia anche lungimirante nel proteggere o salvaguardare tradizioni nel rispetto di garanzie valide ad affrontare un futuro democratico, più appropriato alla trasparenza e con meno faziosità d'interpretazione alle attese di un popolo. Si dice spesso che la Massoneria è un'organizzazione conservatrice e tradizionalmente legata alla forma rituale dello svolgimento dei lavori, dell'uso di paramenti come grembiule e collare, della particolare terminologia verbale, da considerare ormai superati e arcaici. In realtà buona parte di queste applicazioni, anche se sembrano strani o particolari, non è altro che il metodo, la tecnica per accedere sempre più nella profondità della propria personalità. Sistemi che aiutano la mente a muoversi a proprio agio, con più libertà e con meno vincoli psicologici, nello spazio immenso del sapere e nell'elaborazione creativa di percorsi più disinibiti tanto da competere con il proprio microcosmo.

I sentimenti del Massone non sono generalizzati, ma sono produzione di una conoscenza spirituale, di conquista della coscienza e della padronanza della razionalità in una realtà che non sempre esprime umanità o interesse nei confronti di chi soffre, di chi ha bisogno di un aiuto. Il suo pensiero è diretto verso note armoniche, con contenuti di serenità e tranquillità psicologica, senza essere oppressi da indisponenti sentimenti o pregiudizi deleteri e negativi nei rapporti umani.

L'intenzione massonica non è quella di rappresentare una classe sociale, non è neanche una corrente di pensiero, né tanto meno un filone filosofico, Ma non è neanche un fenomeno sociale, né si può usare la Massoneria come un ticket, che al momento che si è pagato può aprire qualsiasi porta e dare qualsiasi risposta alle discutibili e incerte esigenze del vivere umano. Non è esclusivamente la scelta di far parte di quest'organizzazione deriva forse perché essa è l'unica che può dare garantite risposte esoteriche che ognuno sì attende di avere. La sua investigazione è l'esplorazione del proprio inconscio e se si è alla ricerca di un porto sicuro, che dia garanzie di validi e proficui processi per essere, per trovare il profondo io, quell'invisibile micro - centro che abbiamo dentro di noi, ebbene: è l'organizzazione giusta!

Non dà risposte, non è palese la sua azione, ma lo stesso instrada il giusto percorso per orientarsi nella difficile scelta di vita, nei continui conflitti del profano, nelle inquietudini sociali delle scelte politiche e religiose. Indirizza all'uso del simbolo con coinvolgimento nella sua manipolazione per riuscire a leggere non solo quello che si vuole mostrare, ma assicurandosi un controllo di previsione e conoscenza alternativa nell'acquisire il giusto distacco dell'influenza intellettiva nell'elaborazione dei modelli sociali e personalizzati, che garantiscono un restauro in una comprensiva conoscenza valida e reale del proprio ideale. Sono l'efficiente adeguamento dell'azione di proposte molto valide e argomentazioni rilevanti, nei riguardi del comportamento individuale e sociale del Massone.

Ipoteticamente la sua manifestazione è identificabile come azione individualista, anche se esiste una correlazione tra l'apprendimento del magistero massonico e la traduzione del simbolo e come questo trasforma il Massone in una comunicativa con se stesso e con il prossimo. Può meravigliare come a volte il comportamento che si manifesta in qualsiasi ambiente, anche profano, non è quello che abitualmente ha l'obbligo di mostrare il Massone, impregnato dai reali principi professati nella promessa solenne del suo ingresso in Massoneria, e nell'osservanza dei doveri dettati dalla Costituzione e quelli realmente appreso nei lavori di Loggia.

Non si possono ritenere astratti o superati eventuali azioni propositive, utili a determinare l'effetto che può avere nello stato d'animo di un essere e della sua libertà personale. Certo, si nota un'anormalità quando il modo di agire di un Massone è simile a quello di un qualsiasi dei tanti lacchè presenti nel mondo profano e tanto criticati, anzi citati spesso come raffronto, a non essere imitati. Del resto è imputabile alla scelta di una razionale e decisiva reazione a un sistema che frequentemente non riconosce diritti di valori realmente posseduti, quali d'indipendenza individualista e libertà complessiva.

L'accettazione di principi che contemplano la libertà ideologica, che non paragonabili alla stregua di un qualsiasi individuo che preferisce la dipendenza del potere, alla ribellione d'intolleranze e di abusivismi, che purtroppo, forse inevitabilmente, si crea anche nelle gestioni di natura iniziatica. In un organismo iniziatico è più credibile la possibilità a contrastare le cause formali di un possibile potere d'autorità, se il comportamento adottato nell'Ordine iniziatico non è giustificabile o se si manifesta incapacità a eseguire un controllo del Magistero massonico se questo non rispetta i principi dettati dalle Costituzioni e dai Regolamenti.

Tuttavia, non sempre il Massone applica queste, difese, forse perché in lui è limitato l'apprendimento del segnale esoterico o per indole poco coraggiosa o per quegli insegnamenti della società profana, che invoglia a essere sottomessi per ottenere qualcosa, sia pure le briciole, dal potenziale potere di gestione locale e ancor di più nazionale.

Invece la delega che si ottiene per controllare certi aspetti organizzativi, non vuol dire essere autorizzati a gestire un potere potenzialmente modificato per un uso personale, oppure far valere prepotentemente una propria idea o dei personali proponimenti. L'ispirazione ideologica massonica è l'opera di potestà di un pensiero sempre conforme alle valide fonti degli Antichi Doveri della Carta Costituzionale sempre orientata, a rendere libero l'uomo, all'utilità dell'apprendimento massonico e all'obbligo di un continuo bilancio personale e giornaliero, nel dare o almeno tentare di dare risposte ai dilemmi che incontra non solo nel profano ma proprio nel principale percorso massonico.

L'ispirazione è di riuscire a manipolare e capire il giusto segnale del simbolo, penetrarne l'accattivante significato di ciascuno di essi nel proprio rapporto intimo, tanto da ottenere una sintonia con i propri ideali, con il proprio pensiero e raccordare i propri sogni e le proprie speranze con la concretezza di desideri nascosti. Non può esserci motivo valido e discutibile se la partecipazione è dettata anche da una consapevole ribellione nei riguardi di un certo decisionismo troppo personalizzato e che si vuol far intendere per forza, senza tener conto che non sempre il grado burocratico può essere giustificazione di sapienza. Una cosa è certa: la diversità del Massone è l'acquisizione di determinate caratteristiche che lo distinguono dagli atteggiamenti dei profani in cui la differenza intellettuale e culturale non sempre coincide con gli interessi d'uomini in possesso del potere esterno. Per questo, non può concedersi come una qualsiasi persona perché ha l'inconfutabile obbligo a reagire nei confronti di chi cerca d'impiantare la sua presenza anche dentro il sistema organizzativo dell'Istituzione massonica. Così come non si può mettere in pratica la cortigianeria per ottenere delle piccole e insignificanti agevolazioni: come mansioni nella scala iniziatica-burocratica, grembiuli di differente colore indici di qualche incarico di Loggia, o altri che sono generati da false sensazioni di superiorità nei confronti di quei fratelli senza incarichi.

Essere Massone vuol dire essere dipendente dell'innata individualità, vuol dire capire le profonde ragioni della ritualità e la peculiarità speculativa del segnale trasmesso dal simbolo all'interiorità spirituale, consente di percepire sempre più in profondità il proprio io e di conseguenza riuscire a comprendere anche il prossimo. Riuscire a capire il prossimo, l'altro uomo sociale, significa essere maturo e nella propria conoscenza nascosta, tradurre la ricerca in partecipazione di scelte di risultati tangibili e reali, individuando nella stessa organizzazione massonica il naturale sistema sociale delle negazioni umane. È un obiettivo, che oltre a rendere affidabile l'indagine, a percepire le motivazioni, che emotivamente rendono attivo l'interesse a migliorare e favorire una condizione culturale, indirizza la ricerca a conoscere bene il proprio interiore inconscio, sapendo bene che più si riesce a penetrare nel sapere interiore e più si ha un'ampia possibilità a spiegarsi gli avvenimenti profani, con tutte le sue problematiche sociali sempre presenti nel tragitto che deve percorrere. Diventa cosciente che la componente principale del suo investimento, la sua ricerca di sentimenti che permettono di non procedere in rischi di aridità psicologica o d'indifferenza sociale, ma rinsaldare, con una calcina valida, i rapporti sia con i propri affiliati sia con le strutture esterne e profane.

Il quadro tracciato non è una sorta d'omaggio all'essere Massone, ma alla vera e obbligata ricerca e considerarla quasi un'attività architettonica e artistica del modello uomo da inserire nell'ambiente profano per farlo lavorare in un ragionato processo critico, attraverso la simbologia degli strumenti presenti nel Tempio massonico.

NOTA SULLA PRIMA EDIZIONE

La prima edizione, uscita per Nuova Santelli Edizioni nel 2012, è stata presentata in anteprima a Cosenza, con la partecipazione della casa editrice, nel salone della Confindustria. Hanno relazionato l'Avvocato Ernesto D'Ippolito, Presidente dell'Accademia B. Telesio e G.M. Onorario del Grande Oriente d'Italia nonché Antonio Perfetti, G.M. e Aggiunto Avvocato.

Dal saggio dell'Autore traspare l'intenzione di illustrare la validità dell'Istituzione massonica per un'utile formazione dei giovani e l'importanza della ricerca esoterica per rendere comprensibile gli eventi sociali e la funzione reale dei valori umani e al rispetto della pace e della tolleranza, altresì richiama l'attenzione, con una precisa descrizione, dell'inesistente Mistero massonico.

L'incontro ha avuto una consistente presenza, senza alcun posto a sedere vuoto, grazie anche all'ampia partecipazione di un pubblico non massonico.

Indice generale